拆了旧的盖新的，新的还是旧的

1 成都街头随处可见的茶馆 摄影/张 源

2 古镇上的咖啡座 摄影/王婉莹

3 改造后的乌镇西栅区 摄影/王婉莹

3 深圳CBD商务区的地标性建筑　摄影/张　源

2 各色建筑和山脊勾勒出的深圳天际线　摄影/张　源

1 新式建筑潮涌的上海　摄影/陈　峰

梳理中国城市的摩天大楼

北京：故城渐远

1　故宫周边依次增高的建筑　　摄影/王婉莹
2　北京城内唯一保留着连绵皇城建筑的区域　　摄影/王婉莹
3　从景山公园向南俯瞰故宫中轴线　　摄影/王婉莹

谁夺走了黑夜

1　“光污染”下，黑夜何处可寻？　摄影/陈

2　不眠不休的深圳　摄影/张 源

向自然求解：景观设计师的创新之道

1　俞孔坚关于央视大楼的想象图　　供图/俞孔坚
2　设计师家中的生态墙　　供图/俞孔坚
3　俞孔坚关于鸟巢的田园想象图　　供图/俞孔坚

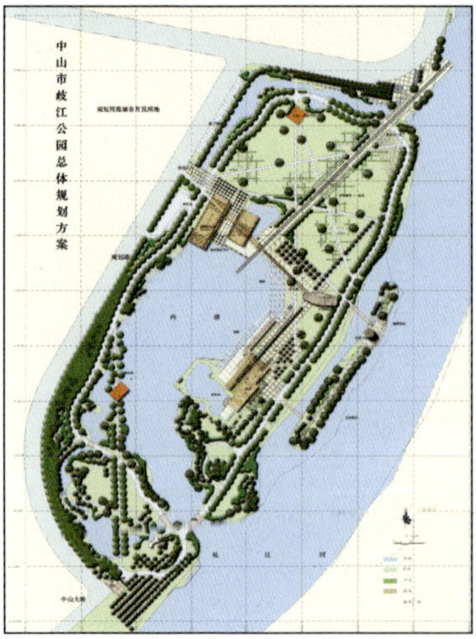

城市建设同样需要生存艺术

1　建成后的岐江公园　　供图/俞孔坚

2　岐江公园规划方案　　供图/俞孔坚

3　岐江公园建成前是个废弃的船厂　　供图/俞孔坚

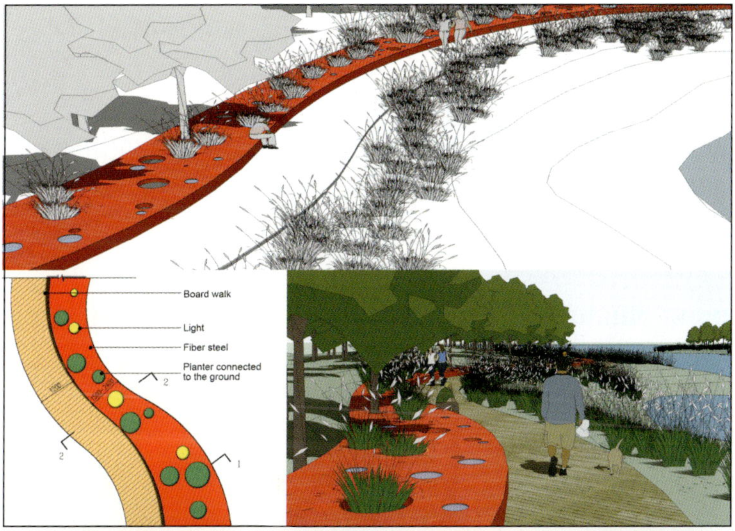

城市建设同样需要生存艺术

1　秦皇岛“红飘带”——汤河公园设计图　　供图/俞孔坚
2　乐在其中的“红飘带”　　供图/俞孔坚
3　汤河公园建成效果图　　供图/俞孔坚

1　恢复了自然生态的天津桥园公园　　供图/俞孔坚

2　桥园公园的湿地备受人们欢迎　　供图/俞孔坚

3　上海世博园区后滩湿地里的植物　　供图/俞孔坚

30年前的中国城市肤色

1 城镇化没有触及的质朴和自然　摄影/王婉莹

2 20世纪80年代的街头流动冰糕售卖车　摄影/张　源

3 彼时简朴生活里相濡以沫的亲情　摄影/张　源

4 彼时的老式吉普车、卡车，甚至还有牛车　摄影/张　源

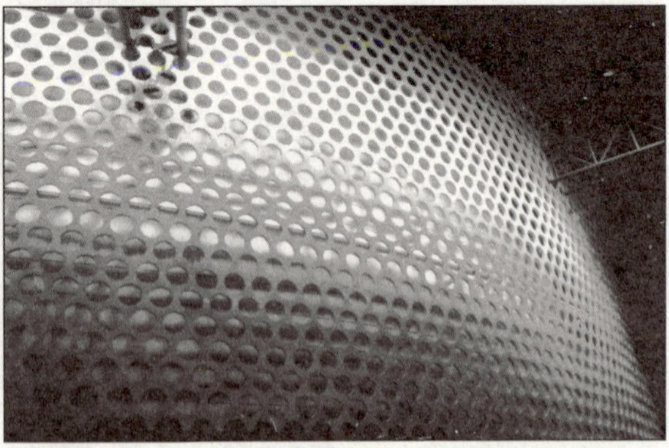

7 内地城市无法比拟的香港摩天大楼群　摄影/陈　峰

6 郑州郑东新区艺术中心　摄影/王婉莹

5 高档旅游休闲区环绕的高尔夫球场　摄影/张　源

CBD:城市再造

4 世博会日本馆　摄影/王　捷

3 世博会城市生命馆　摄影/王　捷

2 世博会芬兰馆　摄影/王　捷

1 世博会马来西亚馆　摄影/王　捷

世博会是更大的先锋建筑试验场

1
2

3
4

4 荒废的郑州经济技术开发区“欧陆风情”建筑　摄影/王婉莹

3 “欧陆风情”背后的烂尾楼　摄影/王婉莹

开发区建筑的怅惘

2 上海明珠电视塔与对岸的异域风情建筑　摄影/陈峰

1 逐渐被高楼淹没的上海老式石库门建筑　摄影/陈峰

上海：建筑引领着风情流变

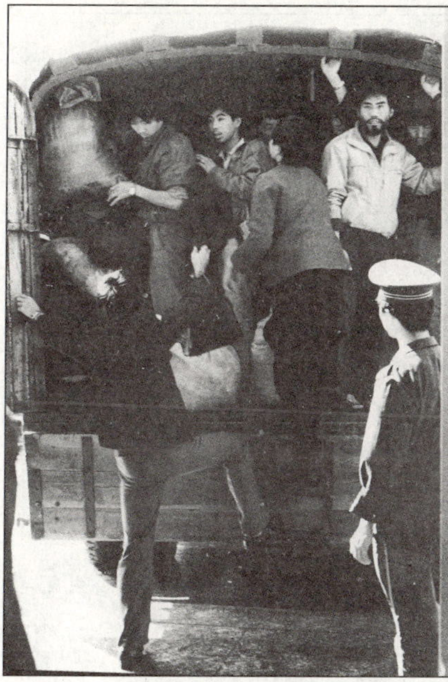

1
2

3 4
5

1 地震后的北川县城 摄影/王 捷
2 过高的空置率，灼伤了谁的眼睛？ 摄影/王婉莹
3 20世纪80年代的农民进城 摄影/张 源
4 20世纪80年代的街头时尚女子 摄影/张 源
5 现代农村里的别墅群 摄影/张 源

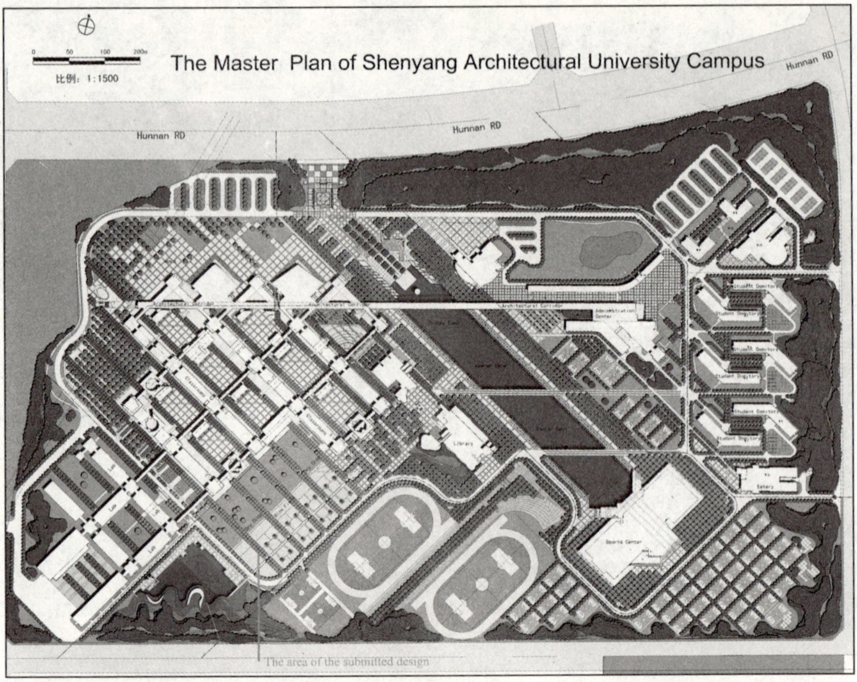

大自然知道城市想要的是什么

1　城市稻田规划图　　供图/俞孔坚

2　一派和谐自然的“城市稻田”　　供图/俞孔坚

3　书香伴着田野稻香的沈阳建筑工业大学　　供图/俞孔坚

王杰◎著

城市背景线

City Background

吉林出版集团/吉林文史出版社

图书在版编目(CIP)数据

城市背景线 / 王杰著. –长春 : 吉林文史出版社,2011.12
ISBN 978 –7 –5472 –0984 –4

Ⅰ. ①城… Ⅱ. ①王… Ⅲ. ①城市 –发展 –研究 –中国 Ⅳ. ①F299.2

中国版本图书馆 CIP 数据核字(2011)第 272628 号

Chengshi Beijingxian

城市背景线

著　　者　王　杰
责任编辑　王　非
封面设计　大象设计
开　　本　16
字　　数　260 千字
印　　张　16.5
印　　数　1 –5000 册
版　　次　2012 年 6 月第 1 版　2012 年 6 月第 1 次印刷
出版发行　吉林出版集团　吉林文史出版社
地　　址　长春市人民大街 4646 号
邮　　编　130021
网　　址　www.jlws.com.cn
印　　刷　北京东海印刷有限公司
书　　号　ISBN 978 –7 –5472 –0984 –4
定　　价　35.00 元

序言 Preface

这些年中国的确是有钱了，这是国内民众最容易察觉的变化。

无论是国家层面还是省市级别，各种文化、体育盛事轮番上演，基建项目一掷千金，建筑形式是世界独一无二的，似乎不用顾虑钢材、水泥的耗量，企业跨国收购和兼并屡次亮剑，外汇储备数字也是年复一年大幅增长，对外采购的态势更是气吞山河。

在中国老百姓见怪不怪的淡定里，那些第一次来中国的外国游客的惊叹以及久未归来的华侨的感慨，都见证着同样的一个事实，那就是，中国的城市化正在以让人惊讶的速度行进着，无数城市高楼林立，大小街区焕然一新，城乡面貌每天都发生着巨大的变化。所以在我们身边，隔三差五的也总能听到媒体发出的关于中国城市化进程的声音，有力挺，有肯定，有赞美，也有反思，一派纷乱。但是我们总能从中找出规律，一些报道通常借助那些踌躇满志地谈论着生活的改变、鼓吹大国崛起的学者的夸张语气，以及一大堆统计数据，一遍又一遍介绍中国的城市化率又达到了怎样的百分比。

是的，30年来，中国经济快速发展的事实，让

以往很多不敢想象的情形交替出现，也让原本隐藏在社会各个角落的财富四处喷涌。中国传统的生活开始变得丰富多彩，破旧的城市面貌得以新颜更迭，那些原本不起眼的城市和乡镇，逐渐褪去陈旧的外衣，在很短的时间内华丽变身，成为“商业、生活、文化和经济”中心。

但是有没有人注意到这种华丽和张力背后的落寞呢？几十年来，仿佛雨后春笋一般，各式各样的建筑取代了原来破旧和低矮的房屋，矗立在城市修饰过的肌肤之上。居住在高楼大厦里的人们，享受着城市生活带来的便利，却突然意识到生活已经变得陌生了许多。一栋楼里住着的邻居，见面都是一脸的漠然；无数腿脚不便的老人，白天被留在空荡的高楼里，独自忍受孤独；放学归来的儿童，刚想跟楼下的孩子玩耍一会儿，就被大人急吼吼地喊进了防盗门。是什么导致了这样的疏离？那个原本“夜不闭户，路不拾遗”、民风淳朴的“本色中国”，又去了哪里？改革开放30年来，我们得到了很多，也失去了很多。

或者很少有人意识到，或者没有人愿意承认，大家只是看到表面的繁华，看到财富的积累给中国带来的翻天覆地的改变。其实只要静心地想想，在你的身边、在我的身边，在我们大家的身边，除了日新月异的城市建设之外，自然生态、环境、风俗人情、道德伦理等方面的发展和变化，也无时无刻不在深刻地影响着我们今天的生活。另外还有城乡差别、财富不均带来的社会结构的变化，社会分工的变化，社会角色的变化……这些变化在越来越城市化的今天，打破了原来平静的生活场景，也让中国人传统的生活情趣和生活理念都有了改变。像是睡醒了一觉发现，身边的中国再也不是几十年前传统意义上的中国了。

在城市化的浪潮中，我们很容易列举很多弊端，很容易发出很多牢骚。房产、教育、医疗、其他任何一个领域的辛酸和不易，总是不知不觉地渗透进人们的内心。

大家看看吧，有些崭新的城市已经失去了旧时的纯粹，因为那不是人们内心真实期待的符合人性根本的居住空间。在越来越大、越来越拥挤杂乱的城市空间里，仿佛时刻在上演着一幕幕大戏，而且它们往往都是由商业力量主导和推动的，普通市民很少有话语权。这样做容易出现的问题是，城市看起来都是整洁气派的，但专家认为这些却很少考虑市民的真正需要，比如道路规划是不是科学，建筑是不是实用，广场绿地布局是不是更合理？有些建筑拆了又建，建了又拆是不是会造成

经过三十余年的发展，深圳已经从一个渔村变成中国现代化程度最高的城市之一。(摄影/张源)

资源浪费？因为缺少话语权，生活在这个城市之中的普通民众，只能眼睁睁地看着门前那条熟悉的清水河慢慢变浑、变臭，看着那些冰冷的钢筋混凝土取代散发着泥土芬芳的道路，看着街角那栋熟悉的老房子倒下去，看着路口矗立起形态霸道的高楼大厦。

一切为了发展让路了。仿佛城市化就是建造一座座漂亮的房子，就是一串串不断变化的经济数据，但是没有人顾虑到，为什么住着宽敞的房子却不再幸福？为什么走在平整的水泥路上却不再快乐？为什么握着存有巨款的银行卡却觉得自己仍然无法满足？

城市化带给我们的，难道就是这些吗？这样的城市化进程，真的需要反思了。但是那些警醒的声音很快就会被更大的聒噪和叫好声淹没。土地、房产、农产品价格、蔬菜价格等，凡是跟民生有关的产品，都可以被一双双有形和无形的大手推动着，不断在价格上跃升新高，但是那边，新一轮的地产大王还在频繁出现，新开发的楼盘还在不断创造天价。

经济需要振兴，国家需要扩大内需，而投资刚好是提升经济数据的最好手段。于是我们看到，在席卷全球的经济危机冲击下，从中央政府那里获得大手笔投资的地方政府，愈发兴奋地实施着改造城市的计划，到处都是城建、到处都是改造、到处都是工地。土地转让金到账了，气派的住宅楼建起来了，下游相关的钢铁、建材一派兴隆。

但是生活在其中的普通市民却发现，这个城市高楼的增加和广场的出现，跟自己实实在在的收益其实没有多少关系，似乎只跟地方政府的政绩、样板工程、拉动内需，还有最终要出现在统计表上的数字有关。在这种快速的折腾里，居住的老屋被以最快的速度拆迁，地方施政者对旧城区改造的热忱，似乎超过了对教育、医疗等状况的关注。

这种表面的繁荣背后，隐藏着城市化进程中积聚的多少矛盾和尴尬？旧有的问题没有得到扭转和解决，新的问题却在层出不穷。在中国城市化的版图上，将来还会复制出多少难以述说的遗憾、甚至痛楚？

目录 Contents

第三部分 酷性的中国：城市的特质是文脉

第四部分　迷惘的中国：改变的结果不应该是失去

第六部分　成长的中国：更美好的城市　更美好的生活

第一部分

雄起的中国：中国城市的『大跃进』

高速运转积聚的充足资本给诸多城市提供了博弈的可能。

质朴，脚踏实地的民风，显露的也不仅仅是急功近利。经济

在从乡村到城市的蜕变过程中，中国社会失去的不仅是

中国城市的膨胀热

中国的城市化正在快速进行，短短的30年间，中国城市化率得到了很大提升，小时候语文课本里描绘的图景终于实现了：无论哪个地方的城市，所到之处都是宽阔的马路和高耸的楼房。在马路和高楼之间，各种高档汽车穿梭往来；在商业中心和步行广场，衣着光鲜的男女提着漂亮的购物袋进进出出；在豪华饭店和娱乐场所，各色人物觥筹交错、笑语欢声；在高耸的脚手架上，黝黑的建设者挥汗如雨。每天，似乎都有不同的故事；每天，似乎都有崭新的气象。

但是有谁能够否认，现在的城市正面临着问题？一些城市不切实际地大上项目，城市基建浪费严重，城市管理成本增加；在政绩和效率的驱动下，社会上出现了很多荒诞的现象，小城市也建有超大广场，广场中央还竖着价格高昂的高大照明灯，但是到了晚上却鲜有游人；在旧城改造中，一些利益纠葛导致拆迁出现了一系列问题，一些城市建设违背了以人为本的客观规律。在城市就是脸面的指挥棒下，各种形象工程竞相登场，高大的墙体和门面背后掩藏着低矮的旧屋。

然而，中国城市化的脚步并没有因此放缓。代表城市大气魄和大投资的项目依旧在各地竞相上演。就像住房和城市建设部科技委副主任委员、中国城市规划学会副理事长陈为邦教授曾经指出的那样，“小城市要变中，中城市要变大，大城市要特大，特大城市要国际化。这就是目前中国城市发展的弊端”。

为什么会这样呢？这大概跟当下浮躁的心态有关，地方官员需要政绩来争取发展空间，开发商需要更多的项目来填饱自己的欲壑。

贪大求全的心态

过惯了紧日子的地方政府，发现土地能迅速换来他们所需要的城市优美图景后，很自然地抛弃了原来脚踏实地、有多少钱做多少事的实事求是态度，开始大搞城市建设。当然，中国经济持续数十年的高速发展，也为各个城市的快速建设提供了最有力的支撑。

1992 年～2000 年，被研究者视为中国城市化全面推进的阶段。在这个时间段里，城市化往往是以城市建设、小城镇发展和普遍建立经济开发区为主要动力的。有关数据显示，仅仅是 1992 年～1998 年这段时间里，中国的城市化率就由原来的 27.63% 提高到 30.42%，年均提高 0.46 个百分点。

进入 20 世纪 90 年代以后，中国的城市化，开始从沿海向内地全面展开。单是看城市的增长数量就让人吃惊。比如 1995 年底与 1990 年相比，建制市从 467 个增加到 640 个，建制镇则从 12000 个增加到 16000 多个。当然，中国的统计数据不太统一，有些差别还很大，导致城市化率也出现偏差，但是中国城市面貌的改变和城市个体不断增大，以及“现代化”、“国际化都市”规划增多的事实却清晰可见。

早在 2005 年 7 月，时任建设部部长的汪光焘就曾在中国城市总体修编工作会议上指出，“国内有的城市在定位上不切实际，盲目追求高速度和高标准，这是在透支和浪费日渐缺乏的发展资源！”

根据媒体披露，彼时竟然有183个城市提出建立国际化大都市的目标，有30多个城市提出要建中心商务区，还有一些城市打算抛开原来的城区范围另建新城。难怪当时会引起汪光焘部长的严厉批评。

但是这种现象到今天有改变吗？2010年5月31日，新华社的《瞭望东方周刊》与中国市长协会《中国城市发展报告》工作委员会、复旦大学国际公共关系研究中心、旅游卫视等单位联合主办的“中国城市国际形象调查”表明，中国有655个城市正在有计划、有步骤地“走向世界”，其中183个欲建国际化大都市，目标丝毫没有动摇。

或许要搞国际化大都市的人，根本没有弄清国际化大都市的定义。要知道这个由英国学者霍尔提出的概念，至少会涉及金融中心、跨国公司总部所在地、国际性机构集中地、第三产业高度发展、主要制造业中心、世界交通的重要枢纽、城市人口规模等很多硬件。其中区位优势、产业优势和服务优势更是构成国际化的要素。而在目前国际化的大都会阵营里，只有世界级的城市伦敦、纽约、东京等才是专家公认的，中国的上海、深圳等一些走在开放最前列的城市都还未能实现完全的国际化，更何况是在城市化率整体不足40%的中国其他城市？城市不光是高楼大厦，国际化更不仅仅是高楼大厦。在改革开放之初，中国没有城市化的经验，大都是摸索着过河，所以纵观中国数百个城市的建设和发展，都是小心翼翼的，但是当经济高速发展，资本开始迅速膨胀，中国的城市化进程开始显现让人吃惊的一面。尤其是近十年来，中国的城市化进程变得尤其迅猛，的确也像汪光焘先生提到的那样，一些城市开始出现定位不切实际，盲目追求高速度和高标准的现象。

怎样围绕健康的未来设计家园?

乱象是建设中的必然，但是我们不能忽略城市化进程中取得的成就。中国第一个经济特区深圳在2010年夏天，由国务院正式批复，从2010年7月1日起，深圳特区扩大至全市，把宝安、龙岗两个区也纳入到特区范围。与此同时，毗邻深圳的另外一个经济特区珠海也完成了华丽变身。2010年8月，珠海特区也完成了开发式的跨越，开发区的范围扩展到全市。

这些事实让人觉得，任何时候，得政策之先和资源优势的城市总是领先的，中国的现代化事业，又通过这些城市的改变有了更坚实的基础。

不过面对这样的成就，也会有一些人作出这样的反应：深圳的城市建设够快的，才30年就把所有能开发的土地用完了。而珠海特区也是一个完成了土地开发，必须向外拓展的特区城市。

深圳和珠海的转变，无疑会刺激其他渴望快速发展和求变的城市，使得它们原本浮躁的内心更加躁动不安。很多城市或许只是单单意识到特区城市又变大了，于是把目光简单地停留在了城市肌体的改变上，把追逐的调子定到了城市建筑物的增加上，纷纷向大框架和大建筑进军，完全忽略了从经济的角度挖掘可以效仿的方法，这样难免会走入误区。

城市建设真是越大越好吗？当然未必。

但是不能否认，随着城市人口比重的增加和经济发展水平的进一步提升，中国一些地区一定会出现大城市甚至超级大城市，这些地方的交通和各项基础设施都会非常完善，居民的生活水准和能享受到的社会福利都会接近或者领先于其他国家的城市化水准。

只不过这些应该是建立在和谐与科学的发展基础之上的。深圳和珠海特区范围相继扩大，是城市发展到一定阶段的必然。它们完成了各自的开发，城市的现代化体系已经初具雏形，换句话说，作为城市个体来说，它们在经济布局、城市基础建设、社会福利和服务设施等方面已经相对成熟独立，一旦在城市内部完成与其他城市区域的通联，借助各个区域之间的优势互补，实现整个城市的协调发展，就很容易形成动力强劲的城市社区。在这个城市区域里，服务得到完善，文明程度得到验证。

倘若其他城市看不清这个本质，一味地赶超，或者以“圈地运动”来追逐和仿效国内外一些现代化大城市的建设，那么很容易陷入误区，其结果肯定是，盲目“圈”了大量的土地，或者搞了很多高楼大厦以及所谓的 CBD 商务中心，却因为交通拥挤、环境污染，导致商务成本上升、生态维护成本加剧、资源浪费严重，而影响了城市其他基础设施的建设进程，这种城市化的发展趋势无疑是得不偿失的。

但是在中国，在跨越式的城市发展模式下，这种问题实际上很难避免。仔细梳理一下中国城市近 30 年的建设历程会发现，原来的中国城市像是没有见过世面的毛头小子，在改革大潮中突然打开视野，看到国外或者其他城市的发展气象，自己也充满了豪气，所以很容易忽略自己所在城市的背景和地理位置，大上快进。从而在耀眼和繁华的建筑背后，给城市留下诸多遗憾。

就像现在所面临的问题那样，中国许多大城市或者正在成为大城市的地方，都在不停地向外蔓延扩张，导致城市化的问题不仅得不到解决，反而越积越深。

中国国内一些关注城市化进程的研究者，不断地通过自己的著述或者媒体建议，针对“现在全世界的城镇正趋向同一种模样”的问题，“希望中国的城市建设能够不被那些虚假、肤浅的标准概念的洪水淹没”。

专家们建议说，现在的城市应该综合各个时期的背景，依据各地区自然地理状况、人口分布、经济社会和文化等城镇发展基础条件、特点和差异，研究所在的城市社会、居住环境、建筑形态与社会活动场所与居民之间的互动关系。避免那种跨越式的，不顾后果的发展，而是要考虑一种紧缩式的发展。这就像《生态城市伯克利：为一个健康的未来建设城市》一书中提到的，城市不应该盲目地扩张，城市建筑要考虑到公共空间、绿化、自然的布局，考虑到休憩、球场、公共车道、步行街道的布局，一切围绕一个健康的未来去设计和建造。

在经济危机再度袭来的时候，中国的城市必须借助不断的投资，来拉动基础设施的建设，保持经济增长的目标。所以，唯有不停地建设，才能确保用不断扩大和增长的基建规模，应对上下游产品的滞销、应对地方经济的疲软。所以，中央虽屡出重拳，房屋的价格却始终无法达到群众期待的水平。

2009 年，南方的一家报纸发出了这样的惊叹：一场新的现代化的“大跃进”，正在“折腾”问题重重的中国城市。

伪城市化下的生存压力

CHENG SHI BEI JING XIAN

以项目和房地产为核心的城市建设，提升了中国城市的形象，也给中国城市扩大规模带来了很多机遇。有些城市充斥着光鲜亮丽的建筑群，但是等你在那里生活一段时间，就会感到诸多的不便。而且，任谁都无法回避，房地产业已经成为城市圈地运动中问题暴露最多的领域。中国房地产的市场化进程，几乎跟中国城市的发展步伐是一致的，它从本质到概念都完成了快速的更迭甚至是“跃进”，成为主导城市经济、主导民众喜乐的物质要素。

房价是一种说不出的痛

2010 年，中国的房价“疯了”。2010 年 8 月，在连续几个月的政策组合拳冲击下，全国 100 多个大中城市的房价依然领涨百分之十还多。这是一个谁也看不懂的局面。

以北京为例，到了这一年，五环内的房屋均价已经没有低于每平方米一万元的。五环之外的清河小营，二手房的价格在 2008 年底还是 8000 多元一平方米，但是到了 2009 年上半年，这个价格翻了一番，现在，每平方米均价基本保持在 1.9 万~2.1 万元。而同样在这一年，原本的望京地区以及即将通过地铁与北京城区实现沟通的大兴，房价均像坐了火箭一般迅速蹿升。据媒体报道，在房价高涨的2009年上半年，在北京望京地区“地王”边上，也就是朝阳区崔各庄乡大望京村环境整治土地储备项目1号地附近，一套不足70平方米的小户型住房，房价能在不到10天的时间内上涨30多万元，平均每天上涨3万元。

就这还很抢手，往往是一个新楼盘刚刚开盘，要不了多久就会无房可售。当然，很多房子明显是被当做商品投资，即便购置了，还是会有相当一部分被空置在那里的。前段时间一直有人用各种各样的数据证明房子的空置率，甚至有出租车司机放弃休息，在夜晚逐个小区统计亮灯率，尽管不一定很科学，但是它反映出来的事实却是显而易见的。对于鼓吹房价上涨、制造房源紧张的开发商来说，房子背后究竟有何噱头，恐怕只有他们自己心里最清楚。

短短的30年，房地产不仅创造了中国人居住条件大幅改善的奇迹，也让很多中国人就此戴上了紧箍咒，成为不折不扣的“房奴”。

不可否认，房地产对城市的促进和推动作用是首要的，首先从居民住宿条件改善方面来说，没有房地产的发展和推动，中国城市面貌的改变绝对不会比现在快。想想30年前许多人还蜗居在极小的筒子楼里等待单位分房的情形，许多人要感慨变化的沧海桑田。

但是1993年的房地产泡沫，也让人明白了，城市建设不能只是单纯地依靠房地产推动。从改善居住环境到投资，房地产发展到今天，房屋在很多人的眼里已成为不折不扣的商品，所以它承载着资本的投机，也承载着投资者的渴望。正因为如此，它才会在很短的时间内积聚能量，在一个又一个城市吹起极度膨胀的泡沫。但是，是泡沫总会破灭的。当疯狂的资本以毁灭的姿态高歌猛进、鼓吹起一个又一个硕大的泡沫，给本来就资源紧缺的社会带来更沉重的压力，从而影响正常的社会经济秩序时，它在任何一个阶段都有崩溃的危险。

1993年前后的海南房地产泡沫破灭事件，成为当时中国局部泡沫经济的典型样本，在中国地产的发展史上占据着特殊的地位。当时，从这个海岛上刮起的地产狂潮席卷了整个中国。据统计，1992年~1993年，中国拥有1.2万~3万家房地产企业，而在此期间，光是海南就达到5600多家。很多人蜂拥而至，固定资产投资一度飙升到历史最高，没有人意识到疯狂背后的危机，或者说被利益蒙蔽了双眼的人，不愿意去证实这种狂热背后的危机，但是泡沫还是在达到顶峰的时候突然破灭。

泡沫破灭带给海南的难以吞咽的苦果是，人口不足700万的省份，留下了占全国10%的积压商品房。还有数不清的烂尾楼。许多商人铩羽而归，甚至血本无归。在被人遗忘的岁月里，海南独自担当，用了六七年时间才彻底消除积压建筑带给城市的巨大创伤。

海南房地产泡沫的破灭事件是中国城市化进程中无法回避的一笔。现在，被国务院批复国际旅游岛建设规划的海南岛，再次迎来了房地产建设的高潮，与中国各个城市上演的房地产热相呼应，而且显得越来越离谱。但有没有人意识到，这场轰轰烈烈的城市化运动中，是否还会隐藏着像1993年那样的危机?

我们无法预料中国的房地产是否会崩盘，或者何时崩盘，但是可以肯定的是，在这样的房价压力下，越来越多的人会远离心中所期待的城市生活，远离简单的幸福感，而他们的实际生活，也会离理想的城市越来越远。

表面风光内里挫败的城镇生活

房价上涨，给城镇居民带来的压力迅速增大，也给大学毕业生和在城市务工的人群带来了更大的生活负担。2009 年，媒体炒作的北京“蚁族”，就是城市化进程中背负压力的典型群体。他们在这个城市里工作，没有很高的收入，栖居在城乡结合部的都市村庄。对于这个人群的个体而言，他们是城市里的尴尬角色。工作在城市里，居住在都市村庄，没有多少消费能力，生活方式甚至行为习惯都不得不沿袭农村的方式。

有些专家直言，他们的生活是伪城市化的。甚至，他们还比不上那些居住在拆迁改造区域里的农民。

有很多京郊的农民，只要等到城市改造中的拆迁那一刻，就有可能迅速成为资产数百万甚至超千万的富翁，而对于居住在他们村庄，依靠他们提供的简陋房屋生活的“蚁族”来说，在城市里的漂泊依然是前途未卜。甚至还会因为社会的过分关注，承担更多的奔波和更大的压力。许多学者抱怨说，媒体只是关注了“蚁族”的生态，却忽视了他们最基本的生存权利。“蚁族”群体的生存状态暴露之后，政府出于消防安全或者改善城市形象的需要，就势加快了拆迁和改造都市村庄的速度，但是那些“蚁族”却不得不面临再次搬家，生活成本增加的压力。有不少人，工作在城市里，居住之处却离城市越来越远。

我曾经听北京南三环一个汽车经销商讲起，在他们那里上班的一个同事，竟然居住在北五环之外的回龙观。每天上下班花费在路上的时间达四个小时，苦不堪言。但是想要换一份离居住地近点的工作，却不是那么容易的事情。

谁在主导新时期的“攻城略地”？

有人很形象地说，中国患了城市形象焦虑症。从政府到民间都流露着这种情绪，不仅现实中互相攀比，网络上也大打口水战，不同地域、不同城市的网友互相掐架，争说自己城市的优点，抨击其他城市的缺陷。

一些拥有历史资源优势的城市，也开始利用各种节庆，或者申请举办高规格的国家级活动，来吸引人们的关注和认可，从而达到提升城市形象的目的。

北京是借助奥运会树立崭新形象的城市，上海也强调世博会是“城市让生活更美好”的博览会。随后加入进来的还有广州。在广州亚运会举办前两年，各种比赛的场馆设施已经开建，与之相配套的城市基础设施、服务设施和城市综合治理均已全面展开，尽管没有太多的口号，但是却向外界传递出这个城市要借助亚运会这一体育盛事，实现城市面貌大幅改变的信心。

期盼城市形象向更高档次转变的，还有大连、长沙、西安、拉萨和乌鲁木齐。比如滨海城市大连提出要建设“东北亚重要的国际城市”；而屡次掀起娱乐风暴的长沙，则计划把湖湘文化推向更高的平台，它们希望把城市建成“富有湖湘文化特色的国际化城市”；依靠旅游业缩短了与内地之间距离的雪域之城拉萨，则坚定了打造“具有高原和民族特色的国际旅游城市”的目标；乌鲁木齐的目标则直指“现代化国际商贸中心”。

借助中国国务院批复中赋予的“国际化大都市”的全新定位，古都西安看起来信心十足，尽管它在名义上先于上海、北京被定位为国际化大都市，但是发展却相差很远。至于其他一些提出要建设国际大都市的城市，怎么看都像天方夜谭。

但有一些城市的气魄之大，还是着实让人吃惊。比如去年山东济宁要建中华文化城项目的消息，刚一披露就遭到很多人的“拍砖”。当地政府原本是借助山东省政协主席之口，在政协全国会议上预热，始料未及的是，100 多位委员连夜签名表示强烈反对。很多人质疑的理由之一，是这个工程需要投入不下 300 亿元，而这还是 2004 年的预算。根据中国的工程建设经验，这个预算在后期还有可能不断追加。另外，这个项目是以文化场所的名义规划的，规划者的意图是：中国仅有天安门还不够，国家文化庆典需要一个场所，一个法定的场所，所以济宁就站出来说，他们愿意建设这个项目。对此，有人一针见血地指出，济宁搞文化城的目的就是想搞一座庞大的建筑，它既无法代表文化，又无法代表建筑上的奇迹，只代表着一种城市的经营策略，跟任何文化层面的东西都不沾边，所以它一旦建成，注定会成为一堆垃圾。

不过站在城市迫切希望打造新形象的角度，我们能理解济宁的这种想法。其实，跟济宁一样，在中国，更急于塑造形象的往往是二线、三线城市。越来越多的城市开始注重形象的传播和塑造，从中央到地方的电视台，从平面媒体到电子媒介，每天都会有若干城市晃动着优秀旅游城市的招牌，展示自己的山水胜景或城市生活面貌。各个地方的城市看起来都在较劲攀比，显示出巨大的建设、开发热情。

还有这几年围绕名人故里引发的各种争端。所谓“伏羲东奔西走，黄帝四海为家，诸葛到处显灵，女娲遍地开花”，各个地方都急不可耐，纷纷推出一大堆历史资料和文史传说证明自己的正统，并通过媒体煽风点火，使争执几近白热化。比如争抢最多的李白故里、西施故里、桃花源等，甚至连西门庆的故里都有人在争。这些荒唐的事件背后隐藏着多少城市的浮躁情绪？导致城市浮躁的原因，应该是多方面的，在现有的城市管理体制下，这种浮躁情绪的出现是必然的。地方主政官员要想在一个城市弄出点动静，他就需要在其任期内实施或者完成，而中国政府官员的任期一般是五年，随后就会服从组织安排调到其他地方赴任。对于那些渴望升迁和调动的人来说，最容易吸引眼球的就是政绩。所以行政主官，无不热衷于把城市建设搞大。

每个主政者总是希望在任期内多干几件叫得响的大事，招商引资建设大的商务中心也好、大的广场也好，都是期望通过这种大项目塑造城市的影响力以及城市的竞争力。但是这有点不切实际，因为城市基础设施不好，或者项目本身不适合当地的发展规划，那这个项目反倒会成为城市发展的绊脚石。

另一方面，盲目的高标准之下，也导致一系列的造假行为，比如许多城市公布的地区生产总值的数字往往是注水的。我熟知的一个地方，乡党委书记搞了一个气派的综合商贸城，收费管理，很多做生意的嫌不方便，就不往里面搬，而搬到市场里的人却没有生意可做，所以不久就倒闭了。但领导的政绩出来了，楼建起来了，算是乡镇的固定投资，有人进驻了，又算招商引资。还有，镇里原本只有一家工厂，濒临倒闭，但是统计的时候还是会被统计到盈利的队伍当中。这样的结果可想而知，乡级政府取消统筹提留之后，办公经费依靠行政拨付，而拨付标准是要参考乡镇的经济收入和人均收入的。

发展目标都是被数字化了的，必须保证。达不到怎么办？答案很简单。很多城市为了追求政绩，纷纷提出要建设国际化大都市。一些老专家提到这种现象时斥责：很多地方喜欢赶时髦、变花样、造气氛、装“门面”，要的都是花架子，目的是为了追求轰动效应。他们的城市里到处都可以被划为中心区、文明示范区、宜居生活区、中央商务区、风情度假区等，名字一个比一个好听，但是没有任何实际内容。而且建设过程中不计成本、不惜代价，反复折腾，劳民伤财。

这种不切实际、揠苗助长的做法不仅形成了许多烂尾工程，还给当地财政造成很大的损失，有些还直接导致地方官员因腐败问题而落马。

安徽阜阳就是典型的例子。阜阳只是安徽的一个地级市，后来为了将其建成国际化大都市，地方政府投资 3.2 亿元，把阜阳机场扩建成了一个在安徽省内排名第三的大型国际机场。阜阳机场在 1998 年进行大规模扩建通航后，曾短暂地开通飞往北京、厦门、武汉、九江、广州、合肥、黄山、上海等城市的航线。让人心痛的是，这个机场在运营过程中，因客流量不足、亏损严重而一度被迫关闭，并在以后的数年间反复通航、停航。最初这个项目尽管有不少人反对，却仍得以上马，就是典型的一把手意识决定的。在这个项目中，当地的公务员、教师、甚至农民都被摊派了数百元的机场建设费。在机场经营不好的时候，它给阜阳财政带来了不小的负担。

在国内还有一些城市，并不具备交通区位优势，没有成为国际化都市的自然条件和地理基础，也没有具备潜力的企业和产品，但就是要拉大框架，向着国际化迈进，还制定了很高的短期发展目标。

压根儿不考虑当地的资源承载力和消费水平等因素，在这个过程中，各种商业地产成为主导城市大步跨越的大项目。以零租的方式招商引资，建设大量的厂房，运营不久就倒闭的有之，厂房建了一半就停工的也有之。在很长的一段时间内，烂尾楼成为生长在城市肌体上的肿瘤，让人无奈和痛心。

“人性化”的缺失

向大城市看齐，就要综合考虑人才和科技优势，考虑服务业的发展水平。可是在中国的城市中，就连北京、上海、广州这几个大城市，也才开始向着现代化迈进，离国际化应具备的经济竞争力、世界公认的特色产业以及开放气度都还有一定的距离，更别提那些偏远的中小城市。

但事实就是这样，那些热衷大而全的城市，并没有顾及最应该顾及的内容，更别提保护自然环境、考虑宜居以及生活便利等软硬条件结合的问题，只是大干快上诸如广场、高楼、会展中心和商务区、金融中心等项目，仿佛这样，就跟“国际化城市”拉近了距离。殊不知这种建设并不能体现和谐统一的规划，反倒会造成大量城市建筑不和谐，对城市总体形象的提升没有任何帮助。

记得住房和城乡建设部科技委副主任委员、中国城市规划学会副理事长陈为邦几年前在全国中小城市发展论坛上指出：有些城市在建设规划中不尊重自然山水，往往让人们“有山不见山，有水不近水”；有些城市盲目绿化，移植大树成风，忽视乡土树种和草种，盲目引进外地品种。有些小城镇建设盲目搬用大中城市的一套，追求形式，浪费严重。

很多地方表现出来的都是这种“城市病”。比如郑州的二七广场改造工程，引进了8棵南方树种广玉兰，一棵价值5万元。但是随后的管理却跟不上，那个广场给人的感觉很脏乱。夜晚的广场曾一度成了夜市，摆满了小商品摊和食品摊点，到处弥漫着臭豆腐、烧烤、煮食的味道，广场周围停放的都是摩托车和电动自行车，而到了早上再看，广场上到处是污水、油渍和垃圾。

还有一些城市人车并不多，但市区道路之宽让人想象不到，比如我到过宁夏，在西北干旱地带的宁夏首府银川，城区主干道竟然是双向十车道，车开行不远就像到了人烟稀少的荒郊。其实这个城市给人的感觉原本是不错的，被称作中国的湖城，城区到处是湿地和湖泊，处处都是垂钓的人群，生活也很悠闲。但大马路却破坏了这种感觉。

类似这样的城市还有很多，不管是否需要，都是一味地扩展。在我看来，这样的做法无疑是在透支城市的土地资源。有些地方甚至把今后几十年才应该使用的建设用地都用完了，根本不考虑接下来该怎么办。

在无限的臆想之中，城市不断被焦虑地推行着，所以一个地方今天可以是东方芝加哥，明天就可以是东方夏威夷，看得人眼花缭乱。但是就宜居程度来看，这样的城市并不是市民想要的。所以有人说，主政者似乎把城市化当成了一个经济发展指标去完成，给人的感觉是很多地方都在拿城市做生意，有些人嘴上喊着建设生态宜居城市，行动上却不把生态和环境条件放在首要的位置上考量。

城市化的风险

那么城市的本原应该是怎样的？清华大学建筑设计研究院院长庄惟敏认为，“城市本身没有指标而言，靠地方施政者去体现也是不可能的，城市建设是一个持续的过程，靠某一任领导去推动也是不可能的，这就需要去完善城市法规，给城市一个确切的可以延续下来的定位”。

但是现在的情况恰恰是相反的，城市的定位和目标指向反复摇摆，直接后果就是无法形成产业优势。很多城市本来应该把重心放到调整产业结构，改善民生方面，却因大搞城市建设，导致很多项目利用率并不高。另外，城市建筑时过于追求高大漂亮的建筑形式，而忽略城市的宜居性、舒适性，导致原本应该加强的城市软环境、社会安全感、风气文明度都有缺失，这样的城市当然不符合百姓心中的宜居城市标准。

当然，定位和目标的摇摆是没办法的，除了各届地方政府之间没有很好的衔接之外，规划者不能左右规划也是一个重要的问题。清华大学建筑保护专家陈志华说，中国规划部门制作的地方城市的发展规划是有法律效力的，但如果党委负责人不喜欢，他就有权力改变。所谓的听证会大多是走过场。

规划应该具备科学性，但是眼下中国很多城市的规划并没有注意这个公共政策自身的科学性，也没有实事求是地坚持理性客观。每个主导城市的领导，都有着自己的发展目标和期望，他会用他的方式说服其他领导，按照他心中的设想、通过集体表决的方式执行他所需要的规划，所以对于任何一个地方来说，城市的建设和规划很少能够沿袭前一种政策前行。

这样一来，大家或许就能明白，究竟是谁在塑造城市？城市建筑究竟是按照谁的意愿在设计？谁才是城市建筑和景观的真正设计者？答案当然不是建筑师，而是各级行政官员。

钱从哪里来？当然是要国家立项，政府投钱。在中国的城市化初期，大概是 1994 年之前，政府获取投资的渠道很少，地方政府不得发行地方债券，不能直接从市场借贷，所以城市的面貌变化不大。

但是后来，地方政府除了可以卖地之外，还可以向银行融资，为了行事方便，各地都涌现了很多地方政府控股的城建投资公司。2009年在重庆举办的城市基础设施建设投融资研讨会上，世界银行高级副行长、独立评估局局长托马斯表示，以地方政府控股的城投集团作为运作平台，是中国独一无二的基础设施融资模式。它极大地推动了中国城市化中基础建设的速度。

但是另一方面，也有人提出警告，在以发展为主要目标的大旗下，城投的扩张导致地方政府不顾实际发展，从而承担了沉重的债务。2010年6月，从十一届全国人大常委会第十五次会议传出消息，审计发现的地方政府债务问题颇多，审计署审计结果表明，审计调查的18个省、16个市和36个县，截至2009年底，政府性债务余额合计2.79万亿元。这些债务大都用于市政建设、交通运输等公益性项目，风险有多大呢？从债务余额与当年可用财力的比率看，有近一半的县市超过100%，最高的达364.77%。有的地方还是以新债偿还老债，风险更大。

第二部分

现实的中国：传统在乱象中失守

让人怀想的，却是处于安静淳朴时代的中国城市。

易出现东施效颦般的模仿和丑陋的城市面孔。但是那些常常内其他城市攀比的建设过程，这种缺少文化根基的改变，容许多城市抛弃自我，选择了向国外城市『求经』和与国

“山寨”建筑何时休

CHENG SHI BEI JING XIAN

让人眼花缭乱的建筑“复制品”

“山寨”一词能在很短的时间内被中国人熟知，实在是因为中国人超强的复制能力，从手机、MP3 等电子产品到服装、皮包、建筑，中国的“山寨”行为几乎无所不在，引起了国际知名媒体的关注，美国的《时代周刊》甚至评出了中国十大“山寨”名牌，其涵盖了电子产品、街道建筑等各个方面。

经由媒体披露的还有，临汾尧庙广场的“山寨”天安门，同样还有临汾建造的“山寨”华表、“山寨”天坛。

在北京通州张家湾镇的一个村，村口竟然有一座高达 30 米的仿古城门，看起来跟北京的大前门一模一样。只不过楼身是红色的，除了形象上扎眼之外，这个门洞实际上没有任何用途。

郑州惠济区的白宫式建筑尤其让人关注。惠济区的白宫式建筑由 6 幢崭新的办公大楼、1 个巨大的半球形会议中心组成，看起来气势恢弘，而且外观近似“白宫”，建筑园区内还有数百亩绿地，其间园林、假山、喷泉环绕，占地规模约 530 亩。这样的山水景观式的建筑格局，一经网友披露在网络上，登时引起全国轰动，除了招来一片骂声外，还受到了舆论的猛烈抨击。决策建造这些外观近似“白宫”豪华办公楼的原郑州市惠济区区委书记冯刘成，随后因受贿、贪污、挪用公款，被河南省高级人民法院终审判处无期徒刑，剥夺政治权利终身，并处没收个人财产540余万元，追缴各种非法所得600余万元。

这不是中国唯一的白宫式建筑，同样在郑州的惠济区，还有一个地方官员租赁村中的建筑改造的白宫式浴池。在中国的无锡和阜阳，也有这样类似的建筑。

当然，一切为人们熟悉且有可能吸引眼球的建筑形式，都有可能被拿来使用。比如在2010年初引起争议的山西蒲县文化宫。媒体批评这个人口不足10万，财政收入不到3亿元的县城，为了搞形象工程竟然投巨资盖了个“山寨鸟巢”。尽管蒲县有关方面回应了社会对其建设“山寨鸟巢”的指责，解释说文化宫的整体创意像一片森林，体现的是对生态、和谐的追求，但是一个县城建造这样一座占地约40余亩，建筑面积达到2万平方米、总投资达到1亿元的文化宫工程，给人的感觉不仅仅有奢侈，还有在城市建设上的浮躁的、口号式的诉求。无论如何辩解，它也无法避开舆论的质疑。

“山寨”建筑是传统审美的迷失

从中国仿造国内外著名建筑的行为可以看出，个别建设者总是对有权力象征的建筑形式有着狂热的追求，很少考虑原创性和个性化。这样的“山寨”建筑，除了获得媒体嘲弄式的关注外，不会留下任何有意义的借鉴。

这种建筑是跟城市的文化和地理环境脱节的，也缺少与当地风俗相契合的元素。不管仿造得多么逼真，多么气派，它看起来仍旧是四不像。

为什么我们不能像国外设计师学习？一位专家质疑，如今有不少国外设计师是从中国传统文化元素里寻找灵感的。比如美国最大的建筑师工程师事务所之一的SOM公司，它们可谓建筑界的翘楚，据说世界上每五座摩天楼中，就会有一座是SOM事务所的工程师们设计的。但在SOM的设计师设计上海金茂大厦时，是从江南的古塔里获得的灵感，设计最终借用了中国宝塔层层叠叠的形式和向空中逐渐收缩的特征。

如果一味地仿造而缺乏创意，缺乏文化的融合，那么这个建筑注定是没有多少生命力的。著名作家韩少功面对流行全国的山寨热，曾经忧心忡忡地表示：现在的潮流就是仿古、仿洋。仿是很容易的，你能仿，我也能仿。上海做西班牙小镇，海口也能做，这种审美的价值会大大地递减。一旦做到千人一面后，会让这种价值降低。既然是仿，它的生命力是有限的。

尊重自然才会收获经典

建筑只有和一个地方的地理环境与气候紧密结合，才能显出合理性，也才具备文化的功能。比如徽州的明清民居和婺源古村落的建筑都是历经数百年风雨留存下来的，依山而居，色调和古徽州的基调是一致的，建筑结构也遵循了当地的气候特点和社会风俗，所以它们整体上是一个契合当地人心灵特质的建筑，与当地人的生活紧密联系，不离不弃，却又始终吸引着社会各界关注的目光。这样的建筑才是有生命力的，才是有个性的。

这些建筑是在一定的历史、地理条件下产生的，是很成功的建筑精品。这些建筑诞生时有特定的环境，如果不理解建筑风格的内涵，不结合所在地的历史和环境特征，而是全盘照搬或者简单模仿、拼合，那结果也不亚于“山寨”作品。

城市的发展需要不断创新，但是出现在城市里的建筑不能是昙花一现的，它需要有不同历史时期的建筑，这就牵涉到一个城市的文化遗产保护问题，不是拆除旧的完全建新的，也不是把历史建筑完全按照今天的理解去复制。

但目前很多城市的房地产开发商，最直观的做法就是结合市场需求开发产品，从而得到最丰厚的回报，这就使房地产业的建筑设计给人的感觉像一个快餐，充斥着盲目、随意和浮躁的意味。说不定许多没有来得及判定年代和身份的建筑，就在这种快餐式的城市建设中灰飞烟灭了。

土地抢手，开发商必定要追求容积率，拆掉旧房建造新的高楼，却又容易带来一连串的负面效应。比如城市的古韵少了，高楼多了，缺少整体协调的穿插以及唯利是图的设计建造，又给交通和环境带来了压力，导致很多原本风格独特的城市，在很短的时间内失去了原来的特质。

究其原因，城市建设的主体被以房地产为主的商业开发群体挟持了，所有的城市规划和对城市建设的控制，都有意无意地迎合着开发商的利益，有些人以为那是开发商帮着自己在改变城市的面貌，改善民众的生态环境，但是仔细想想，哪个城市改造不是受到开发商手中的指挥棒有形无形的指挥和控制？哪个借助开发商之手改善城市建筑和环境的地方政府，不是在旧城改造的旗号下，为开发商摇旗呐喊、擂鼓助威？即便结果可以很圆满，缺少公众监督和意见参与的城市改造和建筑，也容易为今后的交通状况恶化、生态环境破坏埋下隐患。

对这一问题，一些规划师曾经不无忧虑，他们觉得，在对一个地块进行规划设计前，如果不尊重当地的自然历史地理，不事先了解和研究本土文化，不尊重不同历史时期的建筑，结果只能导致城市出现一堆毫无特色的钢筋混凝土建筑，让大量饱含传统生活情趣和民族文化记忆的街区消逝，取而代之的是一律的高楼大厦和商业面孔。

这些变革，带走的又何止是在老城里生活了几代的市民的美好记忆和情感寄托?

30 年前的中国城市肤色

CHENG SHI BEI JING XIAN

30年前的中国是什么样子的？

相信出生在20世纪90年代或者21世纪初的年轻人对此没有任何的印象，即便是那些出生在20世纪七八十年代的人，也只能从遗留在大地上的片房只瓦，以及博物馆、规划馆的图片展览中一窥当时的模样。

那是由低矮的楼房、破旧的街道构筑的场景。无论在城市还是乡村，色调一律是单调的灰白。狭窄而凸凹不平的柏油马路上，平时只有很少的汽车在行驶，偶尔会看见扬着响鞭的马车和喷着黑烟的拖拉机穿行其间。到了上下班的时候，巷弄和街口流淌的都是人群和自行车，人们在简陋的街心红绿灯口聚集成黑压压的一片，绿灯一亮，清脆的自行车铃声就伴随青年男女的笑声呼啸着远去，彼时的空气里弥漫着喧嚣，充斥着忙碌、充斥着平静淡然的生活气息。

那是大地上都能看到的景观，城市和乡村基本是一样的，市区道路和郊野土路上绿树成行，流经田间地头的清溪携带着田野的味道和庄稼的清香，流经城区的水也是清澈见底的，溪流中有小蝌蚪、泥鳅、小鱼儿等，还有芦苇、蒲棒、水草。星期天或者是暑假，少年拿着小网兜做成的渔网在水里捕捞。或者兴之所至，孩子们用洗干净的小墨水瓶灌满水，捉上几只可爱的小蝌蚪并放入一根水草，带回家去欣赏。

那时的建筑是古朴的。即便在城里，也是以平房和院落居多。没有高楼，没有宽阔的马路，没有硕大的广场、草坪、喷泉。无论是瓦房或者草屋，一律被高高大大、简简单单的白杨、梧桐树掩映着，那是一种平和的磁场，没有整天的匆忙和焦躁。

一些城市的机关、企业和厂矿的住宅楼大多是仿照苏联的建筑，厂矿和企业的住宅楼类似集体宿舍，没有现在商品房的功能。水管和卫生间都是共用的，做饭的地方就在走廊的一端，一到做饭的时候，炉子一字排开，辣椒味、油烟味呛出一串乐趣，洗手池旁，洗菜声、搓衣服声、孩子玩水嬉戏声和大人的说笑声交织成一派繁忙场景。

在低矮的院墙之间，密布着另外一个清凉的世界。三三两两的老人坐在门前的小板凳上聊天，调皮的孩子在她们中间穿梭嬉戏，冷不丁绊倒之后才会打断老人的家长里短，换来一声轻斥或者焦急的询问，然后一切照旧，根本不用担心走失或者受伤。

转眼之间，高楼大厦取代了低矮的楼房和破落的院子，广场绿地荡平了旧时的街巷，宽阔的马路湮没了旧时汩汩流淌、水草丰盈的小河道，连同鲜活的鱼虾和少年快乐嬉戏的身影一同消失了。

一切恍然如梦。要命的是还有很多人被这个梦幻一样的场景激励着，由最初的惊喜、变得贪婪和不知所措，而这种以城市名义无限扩张和改变的现实，也让很多人继续麻木和陶醉。当我们距离自己的家园越来越远的时候，心中会不会发出惆怅的叹息?

记得四川美术学院教授、艺术策展人叶永清说过:“在现代和城市化的潮流中，由农村向城市转化的趋势，是中国近20年来最为悲喜交集的历史景观，城市的城乡融合对于中国都市的改变更是意味深长。在这个过程中，乡村和城市经历了前所未有的历史变迁，昔日农耕社会的身影和田园牧歌似的情景早已灰飞烟灭，村野和土地大面积地变成新的城市开发用地。”

城市化，难道一定要以失去传统和自然为代价吗?

这是很多人想不开也不愿意去想的问题，或者是不是就像熟悉的婚姻一样，当事人都模糊了对事物本质最基本的认知? 明明知道这样下去会失去情感中最初的质朴、最初的感动、最初的简单和从容，以及心跳和青涩，但还是会漠然、会冷淡、会那样继续维持着，最后难免会对周遭的变化愈发无动于衷。

中国城市的幼年和成长

CHENG SHI BEI JING XIAN

让我们来梳理一下中国城市的成长历程，就能了解所有的改变都不是一蹴而就的。中国的城市到底经历了怎样的成长过程呢？仅仅解析这个命题就是一个庞大的工程，我只能截取一些城市的片段，或者一些有典型意义的事件，来彰显这个过程背后隐藏的背景。

中国的城市化，事实上就是这二三十年间的事情，在 1979 年之前，中国没有城市化可言。对此，有关专家专门做过评估：“从 1949 年新中国建立到 1979 年，中国内地的城市化相当缓慢，在 1950 ~ 1980 年的 30 年中，全世界城市人口的比重由 28. 4% 上升到 41. 3% ，其中发展中国家由 16. 2% 上升到 30. 5% ，但是中国仅由 11. 2% 上升到 19. 4% 。”

1979 年之后，随着深圳等特区的设立，中国的城市建设才开始走上正规化道路。

1988 年 4 月，中国最大的经济特区海南经济特区获准成立。紧随其后获得优先发展权的还有上海，1990 年 4 月 18 日，上海浦东新区被中国政府批准正式开发。至此，中国经济特区的版图基本形成，它们是中国改革开放和现代化建设的窗口、排头兵和试验场。

我之所以在这里先展示深圳，是因为这里是中国城市化程度最高的地方之一，也是最早向城市化迈进的区域，它的成长，记录着中国城市化迈出的每一步。深圳的童年和今天，其实就是中国城市幼年时代的象征和光鲜未来的缩影。

2010 年 3 月，我在深圳停留期间，遇到 20 多年前从河南到深圳淘金的摄影师杨俊坡，他的一个亲戚比他到深圳的时间更早。杨俊坡两年前在罗湖区买下了一处屋顶带有大露台的跃层住宅，他开着红色的 POLO 领着我去看深圳最早的标志性建筑地王大厦，去看最早活跃的华强商业区，去看深圳图书大厦后面的开放型公园。

地王大厦所在的位置，位于深圳市罗湖区，这里曾经是一个不起眼的村庄，当地人称它为蔡屋围。这个村庄源于赤磡村的蔡氏。蔡屋围其实有两座，一座叫新围，一座叫老围。关于蔡屋围的风景，人们形容它秀美如画，因为这里除了保存了古老的蔡氏祠堂外，还有鱼塘、晒场，村前村后连接着起伏的山冈和青绿的稻田。

不过随着深圳开发号角的响起，它们很快感受到了土地的骚动。村里的农民填平了鱼塘，在上面建起了宾馆和商铺，著名的深南大道随后穿过了祠堂所在的位置，若干年后，密密麻麻的高楼大厦开始在原来的晒场、山冈和稻田的位置拔地而起。

摄影师向我展示了 20 世纪 80 年代初期的深圳：都是平常的场景，一年又一年，简单的街拍，有骑着自行车、驮着妻子穿梭在街头的打工者，也有拉着孩子、打着哈欠摆摊的小商贩。那种朴素的神态，寄托了最早到深圳的人群对城市生活的向往和努力。

随着涌入深圳的人群越来越多，原本冷清的马路喧腾起来。东北菜菜馆、潮州菜菜馆一家一家地出现，霓虹灯闪烁的歌舞厅取代了街头的露天舞场，那种打工妹、打工仔在街头捧着零食袋看表演的场景渐渐远去了，他们高兴之时大声叫好，兴致一来入场就跳的自由自在，也成了烦闷时莞尔一笑的回忆。

在蜕变的过程中总是要失去一些东西

20 世纪 80 年代的城市，南方和北方大抵相同。那时候的城镇除了少数家属楼外，居民的房屋都是红砖瓦房，比农村砖和土坯混合的建筑看上去要气派一些。

相比南方，北方城市像一个懵懂的少年，它的青春期到来的要比南方城市晚很多。但也正因为如此，它让年少时没有机会到过南方的人有机会感受彼时淳朴青涩的模样。

曾经以绿城著称的中原郑州，现在是一个市区人口超过 350 万的城市，但是很多在这个城市生活了四五十年的老人，都记得它在 20 世纪 80 年代初期保留的质朴。从东到西的城市主干道是中原路，只有两个车道，十来米宽，两边还生长着四行粗大的法桐树，中原路被两边的法桐树一遮挡，显得愈发窄小，带着“辫子”的 102 路和 101 路电车在路上交错的时候，都不得不减速，以防摩擦。到了 90 年代初，这条路上还是这样的。类似的还有从二七广场辐射出去的人民路，行政区的金水路、花园路等，无一例外地都生长着粗大的法桐树。它们的枝干交织在一起，成为一条带状的绿色巨伞，下小雨的时候，是绝对不会漏雨的。而且被法桐枝叶掩映着的各条道路，还营造出一种难得的清幽氛围。所以在细雨飘飞的季节，经常能看到年老的夫妻或者青年情侣牵着手在人行道上悠闲地漫步。

相信这只是二三十年前中国城市的一个缩影。因为很多改变都是随着城市建设的脚步快速到来的，那些生长旺盛的法桐树也一样。

后来郑州的中原路拓宽，原来一条路上四行行道树，中间两排被砍掉，只保留最边上的两行。人民路上的法桐树也面临着同样的命运，没被砍掉的也被削掉繁茂的枝桠，只保留一个光秃秃的树干，接受改头换面。法桐树学名悬铃木，会结出很多球状的果实，到了秋季落叶的时候，果实变成很多絮状物到处飞，城市的规划者认为，为了城市的清洁，它们必须重新嫁接。没有市民参与、没有听证过程，在无数人的反对声中，包括金水路、文化路、南阳路等街道上那些生长了几十年的法桐树统统被剃光了脑袋，纷纷失去昔日的雄姿。不知道城市的决策者们是否曾经在意过市民心中那份浓重的失落？仿佛一群人正坐在一顶硕大的伞盖下乘凉，那伞盖却被人粗暴地拔走，那种无奈的创伤和失落会在越来越光鲜的城市中存在着，任何时候，都不会磨灭。

土耳其诗人纳齐姆·希克特曾深情地说："人的一生总有两样东西不能忘记，就是母亲的面孔和城市的面貌。"

但是今天，还有哪些城市是我们熟悉的面孔呢？原本长久生活在一个地方的人，可以有足够的时间，从不同的角度去阅读一个城市，即便是闭着眼睛，也会熟悉这个城市的历史变迁，熟悉某个区域建筑的形态，熟悉这个城市的人文底蕴和民风世俗。还有那些保存了数百年、上千年的珍贵建筑遗存，它们是一个时代的财富，负载着文化和工艺的辉煌历史，保留着历史的厚重感和城市文化的积淀。然而，它们有些已经在城市化的推土机下灰飞烟灭了。那些久居某个城市的人，都无法读懂崭新的容颜，更别说那些新进入城市的人了。

但是在这种情况下，城市建设的脚步并没有停歇，很多城市夷平了旧城，又有很多城市举起了改造的大旗。2010 年我去哈尔滨，发现那里的道路几乎都成了工地，当地的朋友告诉我，哈尔滨现在正修地铁，还有上百条道路在同时施工。事实上这种情形在中国任何一个城市都不鲜见。就连最偏远的城市都在搞建设，街道不断拓展变得越来越直、越来越宽，然而拥堵却越来越严重。紧随其后的是，高楼依附在马路边快速生长，空间架构越来越混乱。

面孔雷同：城市建筑的个性在哪里?

CHENG SHI BEI JING XIAN

现代化过程中中国的城市是最相似的，因为无论到了哪里都是广场、高楼、步行街，它们清一色地显露出媚俗的神情。

说到中国城市的面孔，中国科学院院士、同济大学建筑与城市规划学院教授郑时龄曾经有过一段形象的概述，他说：“在城市的现代化早期，中国过多地学习美日模式，一味地追求高楼大厦、宽阔的大马路、中央广场等这些非常表象的东西，但是却很少去探求美日城市建设中存在的突出问题和遗留的后遗症。只顾步其后尘，照直沿着人家的老路走了过去。”

20 世纪 90 年代以来，中国建筑盲目照搬西方风格的现象很普遍。在海南，也出现很多欧美的建筑形式。“外来文化”成为很多开发商竞相追逐和模仿的“流行时尚”，一些开发商为了迎合大众的心理，纷纷追捧“西洋式”、“欧陆风情”的建筑效果，江南一些城市还出现了很多仿照迪士尼风格的尖顶洋楼。似乎这样就能提高住宅“品位”，所以，城市里矗立的建筑便有了很多与“国际接轨”“标志性建筑”的说辞和夸张的图景，许多开发商为了增加楼盘的吸引力，也纷纷在住宅花园门面上大做文章，建筑形式五花八门。比如很多建筑小区洋味十足，小区门前竖着手持长矛、盾牌的欧洲骑士雕像，屋顶更是采用哥特式、碉楼式或者烟囱一样的建筑形式，命名为西班牙小镇，新加坡风情小镇、威尼斯水城等，让人眼花缭乱。

广州因为得改革开放风气之先，一些住宅小区充斥洋风，并且影响扩大到广州周边一些城市。广州的一位媒体同行告诉我，有些住宅小区边上明明只有一条很窄的水沟，水甚至混浊不堪，但开发商打出的广告语却充满诗意地描述“住在水边”。有时候为了更接近欧洲风格，水沟两岸都经过混凝土的硬化，沟边矗立起铁铸的灯柱。但是因为这些建筑大都是对西方建筑的简单模仿，所以给人的感觉总是不伦不类的。

这种崇洋风让国内很多建筑设计师变得浮躁，他们纷纷开始向“西方建筑文化”寻求“灵感”。还有一些设计师，借用国外知名设计室的名头承接项目。事实上真正的设计室是在国内的，注册地可能是在香港、北京、上海、广州一些大城市。一些国内设计公司跟国外一些有名的设计公司采用业务合作的形式，从设计到营销策划，无一例外都挂着国外知名设计公司或者营销公司的名头，这是用来蒙蔽老百姓的，当然也有一些财大气粗的房地产公司，专门委托国外的大公司进行设计。

不少城市都兴建了文化广场，还一律布置宽阔的大草坪加喷泉和灯柱。也有一些城市广场搞出了“罗马柱”“罗马雕塑”，乍一看感觉是到了国外。

随着大规模的建设拉开序幕，中国的城市到处都在大兴土木，在短短的几十年间，兴建的高楼数不胜数，各个地方都是高楼林立。无数高楼拔地而起的同时，还在不断创造新的高度。

仿佛是一夜之间，中国的城市都变了样，但是我们看到的城市面孔，却几乎是一样的。有的城市是历史悠久的古城，所以建筑和城市的肌体一律是复古的，比如西安，西大街上的旧建筑被改造或者拆除，然后仿造明清的建筑格局改造。北京也是，把胡同和建筑的底色都弄成青灰和白墙，显露古老的色调。绍兴的街道也是灰白的色调，像极了古徽州的民居。

但是各色的居民楼和老式的建筑交错在一起，显得整体混乱。几乎所有的城市都是这样的，没有按照自己的格局布置，反倒是恣意安排，从面孔上看千篇一律。还有很多城市住宅简单照搬，比如北方城市弄个人工池塘，愣是起名叫江南小镇。本来气候不适合种植南方植物，却还是花巨资引进大批棕榈树，就是为了符合小区“棕榈泉”的名头。一些寒冷干燥的北方城市，街道上原本生长着高大的白杨和鲜艳的月季花，后来却变成了原本生长在南方的树种和花草。但是它们又无法安然过冬，怎么办呢？一进入冬季就用塑料布给它包裹起来，密不透风，绿化带也搭起架子，包裹成大棚一样的形状。每当看到这样的情况我就觉得好笑，原本是为了美化城市的植物，仅仅是天气的原因，就躲进人工搭建的温室里了，影响美观不说，每年还要花费大量的维护经费，真不知道城市管理者是如何想的。

以为建造了高楼和广场就是现代化，以为种植了名贵树木和花草就提升了城市品质，导致建筑物大量雷同，这是当下城市建设的通病。设计城市的人，是否应该首先汲取一下先进的设计理念和规划思路。比如上海、香港、青岛、大连的一些街区的建筑，它们都曾经受到西方文化的影响，又被当地接受，尽管城市地理和架构还是自己的，不会影响格局，但现在看来还是充满了规划感。

追随传统还是“媚外”？

2006年我从上海回到郑州，去看郑东新区附近的燕庄。那里原来是一个都市村庄，后来被规划为一片商业区。一个刚从国外回来的亲戚打电话给我，说是想跟着去长长见识。电话里我一说在曼哈顿广场见，这孩子就急了。反问我，哪里，纽约曼哈顿?

我觉得这是一个笑话。显而易见的，它原本就是一个藏在城市里的都市村庄，被整体拆迁后，地方政府在原来的地方规划了一片“国际街区”，既有商业广场、又有高层住宅，起名叫曼哈顿广场，但在这个城市长大的孩子已经不认识那里了。

其实何止是孩子，随着大楼越来越高，那些因为拆迁而分散在周围的村民，也常常怅然若失，不知道该从哪里寻找曾经的家园。他们跟我抱怨说，从茅草屋到平房，然后再建起楼房，他们把半辈子的心血都浇注在这块土地上了。彼时安静的村落里，总是有调皮的孩子嬉戏的身影。村后还有20世纪五六十年代中国第一代领导人曾经视察过的农田，那里生长过稠密的庄稼，随后变成纪念亭，然后纪念亭也被不断拓宽的马路挤到一边，最终成为孤零零的遗址。这些村民原本拥有的楼房和祖屋，在资本开发商和游说团的进攻下，被迅速夷为平地，直到新的大楼拔地而起，他们对村庄的所有的记忆都成了过往。

我们无法用简略的文字确切地概述一座古建筑、一个古村落的价值，或者揣测一群祖祖辈辈生活在这块土地上的人的情感，但是可以确信，在“现代建设”的冲击之下，那些最能体现城市文化性格的东西，正在被人为地忽略。那些隐藏在旧胡同和旧石板下的让人怀旧的气息，已经在无意中被隔离，而长期被视为西化和洋味的东西，被更多地运用到设计中，并打破了诸多禁忌。人们无法揣测是什么力量在激发各地的建设热情，但是大家都能感觉到，摧毁和重建的过程比较杂乱，社区和历史的延续性被忽略，而在高楼和宽敞的马路之间，城市的个性与从前产生了本质上的脱节。

在城市的开发大潮里，类似这样的都市村庄很多最终都灰飞烟灭，一些简单美丽的记忆，如今或许只存在于人迹罕至的山里。记得有一年假期我到太行山一个山村去，竟然看到石墙上还用白灰刷着“伟大的无产阶级”字样，村里还保留着20世纪五六十年代的供销社、宽大的旧柜台上弥漫着老醋经年的陈香。村里还有一些20世纪70年代的石头房子，但是村民已经不住了，他们开始仿照城市的模样，在村庄外面建筑了新的钢筋混凝土建筑。这让我觉得很遗憾，我觉得那些石头房子和来自遥远年代的吸引，就是“特有的历史气息”，充斥着物欲所不能体会的单纯的快乐。但是如今，它们却被所谓的城市化面貌冲击和改变着，距离我们是如此遥远。

适合自己的建筑就是最好的

为什么我们的建筑不能考虑与自身环境的融合呢？对照一下国外的城市，有一些城镇和建筑街区，看起来造型极其普通甚至不美，但它们在利用环境、改善环境、融入环境方面却很到位，这说明它们保留了属于自己的最个性的特征。如果国内城镇在城市化进程中不分地理和自然条件盲目仿效和追随，结果当然是留下一堆不伦不类的建筑。与其这样，倒不如从一开始就固守传统，从中发现契合时代的东西。清华大学建筑设计研究院院长庄惟敏说过：这些年，中国的传统文化一直在不断演进，一些建筑在奥运会、世博会都证明了，中国还是可以弘扬民族的东西的。比如鸟巢和水立方，尽管它是另类的，但没有人说它不是中国的。

不过专家也坦承：当下中国传统也面临着很多挑战，那就是如何使传统的东西持续发展。我们不主张媚外，同时也不要惧怕城市建筑中出现新的东西，更不要阻挡它进来，洋为中用，才符合文化发展潮流。

其实，现代建筑的多元化，注定了城市不可能固守单一的、守旧的思维，但是向先进和前卫的建筑形式学习，更应该审慎对待。既要避免丢失属于自己的特色、个性，又要避免造成严重的资源浪费。比如大家都谈到低碳，就不仅是简单的建筑形态问题，还应该包含生活方式、生活态度。而公民是否可以自觉地遵循低碳生活方式，需要一个漫长的过程，所以得让大家有一个整体意识。但现在一些地方领导意识不到，他们动辄追求所谓标志性建筑，争相建造超前的、光鲜的、多少年不落伍的高楼大厦，却恰好违背了自然、传统和低碳原则。

庄惟敏院长还说过，国外的一些所谓的节能建筑，很多都使用了高科技，比如用一些呼吸式的玻璃幕墙、光伏发电等，而这些高科技的绿色和生态建筑，造价是普通建筑的5~10倍，这在中国是不太适合的，因为中国是一个高能耗的国家，资源又非常紧张。不过中国倒是可以借鉴传统风水里的建筑模式，充分利用自然条件达到通风采光等目的。比如徽州地区的明清古建筑，就是因地制宜的建筑典范。

拆了旧的盖新的，新的还是旧的

CHENG SHI BEI JING XIAN

在一些人看来，城市的现代化等于富丽堂皇的高楼大厦、玻璃幕墙，所以各个城市都在拆除旧物，不仅是隐藏在都市之中的村庄被推土机推平，甚至那些比城市年代还久远的历史建筑都难逃厄运。

一些城市建设者，只看重大马路、大广场、大草坪，只追求高层、超高层建筑和它们的标志性，哪里还能顾得上城市的文化根基？即便是侥幸在城市大改造中保留下来的历史建筑，通常也被他们按照自己的设想重建了，又怎会顾及建筑原本的历史文化风貌呢。

倒在推土机下的名城古镇

说到乱拆乱建，最有名的是2010年初被炒得沸沸扬扬的云南大理为修公路而拆毁唐代古城墙的事件。著名的历史文化名城大理，曾经是唐代南诏国和宋代大理国的建都之地，所以在大理洱海的入水口和出水口分别遗存两座重点保护文物——被称为“上关”即龙首关和“下关”即龙尾关的关隘。但是有媒体记者偶然发现，正在扩建的国道214公路，使龙首关遗址南城墙、西城墙、两道北城墙遭到不同程度的破坏，破坏面积达 12350 平方米。媒体曝光之后，文物部门解释说，当时曾提出建议，在保持城墙完整性的前提下，公路走向最好选择在南城墙缺口处，且与西城墙保持 50 米的安全距离。然而最后出台的施工方案，竟是横切龙首关南、西、北三道城墙的路线。这样，新建的公路变成穿古城而过。施工方的理由是，施工过程中碰到道路走向偏高、涉及苍山保护等问题，施工方将路线往下移了 100 米，造成连破两道城墙的情况。是什么导致施工方如此大胆，擅自改变施工线路呢？后来大家逐渐了解到，原来施工方给了文物部门一部分考古发掘费用，而这些钱，毫无疑问让监管变得暧昧。

有意或者无意造成的监管疏忽，也导致一些著名风景区成为城市化进程中的牺牲品。在同一年，媒体披露的还有云南的洱海，报道说，这个地方正在遭受破坏性的开发，由于到处开建高级别墅群，洱海正日益变成富人的后花园。在洱海边上，开发商为富人打造了美丽的湖畔生活，不仅有海景别墅，还有在这个中国唯一的高原淡水湖上成立的豪华游艇俱乐部。

据 2010 年 4 月 13 日的《中国青年报》报道，开发商要在洱海边上建别墅，竟然把洱海南面的“情人湖”给填了。这个工程在实施的过程中，也被原建设部办公厅勒令当地建设部门立即采取措施，制止违规开发建设，令人纳闷的是，它照旧一路绿灯。据媒体揭露的谜底是，建在洱海边的别墅群“洱海天域”豪宅，房价高达每平方米 2. 5 万元，主体建筑面积不低于 2 万平方米。而所付出的代价，不过 4000 万元罚款。

类似的包装和改造给历史建筑带来的损害，还发生在江南的一些古镇，比如乌镇和周庄，那些原本原汁原味的老镇和古屋，经过旅游公司包装开发之后，成为商业气息浓郁的新的旅游景点。不管如何规划，它都是一种被重新演绎的复古，已经跟任何历史古村都不沾边。

谁给它们披上了现代嫁衣?

还有一些地方，对待古街区更是全面拆毁重建，或者采用所谓“修旧如旧”的方式建造大量的仿古建筑，一些学者对此深恶痛绝。中山大学岭南学院教授王则柯曾在报刊撰文，呼吁停止这种浩劫式的“现代化”。他说，原样重建造成天大的浪费姑且不去说它，重建起来的建筑充其量是“人造古董”。好好的古董花大价钱把它砸了，再花更大的价钱修建人造古董，这种浩劫式的“现代化”，要它干嘛?

王教授所说的人造古董，在很多地方都存在。比如北京的琉璃厂街，它是按照修旧如旧的模式建造的，但是老百姓并不买账。对于生活在附近的居民来说，老街是一种寄托，它能帮着人们恢复对久远文化的记忆。但是在1980年，有着700多年历史的琉璃厂街南北两侧的多数老房在拆旧建新的号角声中轰然倒塌，接着，一条参照清朝乾隆、嘉庆年间北方店铺风格仿制的古街，在原来的位置矗立。这个让人哀叹的毁坏原创而建摹本的举动，引发了大江南北对建筑的描摹热潮，也让真正的古董从此干净地消逝在历史的进程当中，让人空留怅惘的文化怀想。

直到现在，有些专家提到这些真正的古董的消失，还表现得耿耿于怀。那么，对于城市里那些古老的街区，究竟应该如何保护和修复呢?

庄惟敏院长认为，保护文物建筑及历史地段在国际上有通行的原则，这就是《保护文物建筑及历史地段的国际宪章》，也叫《威尼斯宪章》。其中规定，保护历史文物建筑，“务必要使它传之永久”。为社会公益而使用历史文物建筑时，“决不可以变动它的平面布局或装饰”。保护一座历史文物建筑，同时意味着要适当地保护一个环境。“任何地方，凡传统的环境还存在，就必须保护。凡是会改变体形关系和颜色关系的新建、拆除或变动都是决不允许的。”历史文物建筑上的绘画、雕刻或装饰只有在因保护需要时才可以取下。

《威尼斯宪章》强调修复是一种高度专门化的技术，其目的是完全保护和再现历史文物建筑的审美和价值，它须尊重原始资料和确凿的文献，决不能有丝毫臆测。“任何一点不可避免的增添部分都必须跟原来的建筑外观明显地区别开来，并且要看得出是当代的东西。”当必须采用现代的结构和保护技术加固历史文物建筑时，要有充分的科学根据，并要经过实验。各时代加在一座建筑上的东西都要尊重。“补足缺失的部分，必须保持整体的和谐一致，但在同时，又必须使补足的部分跟原来的部分明显地区别，防止补足部分使原有的艺术和历史见证失去真实性。”

《威尼斯宪章》还强调不允许添加，除非它们不至于损伤建筑物的有关部分、传统布局、构图的均衡和传统环境的关系。中国的很多城市在对老街区进行改造时，倒是很少添加，有的干脆是直接拆除了。而那些所谓“修旧如旧”的建筑，实际上并不能实现修旧如旧，反倒造成了新的时空混乱。

琉璃厂上的建筑是新增设的，一切都是按照旧时的模式复原，并以现在的审美观赋予其更新的内涵，那些怀旧的老人，一律表示反对和不满。但是年轻的人乐于看到有着越来越完善的服务设施的街道。尽管它是一种仿造的街景，流淌的不一定是原汁原味的旧时韵味，但街上的银行和商店，却提供着比以前更多的便利。

这就是城市建设中，复古与现代化的矛盾，无法回避。

所以要继承，也要有新东西。无论是主政城市的高层管理者，还是城市里的普通老百姓都会意识到，城市发展是基本的愿望。只不过一种建筑形式出现时，体现的通常是城市主政者的愿望，不一定是群众喜欢看到的、符合大众审美的建筑形式，这样就会产生矛盾冲突，从而形成文化上的交锋。

大量代表西方文化的建筑形式进入中国，这对中国城市其实是一种启示，在专家看来，真正的城市要保持纯粹的特征，在如今多元化的背景下已经不太可能；如何平静理智地面对也需要一个过程。还有一点是必须要清楚的，总是守着自己的东西一成不变也是不行的，城市还是要发展的。

中国城市是外国建筑师的试验场

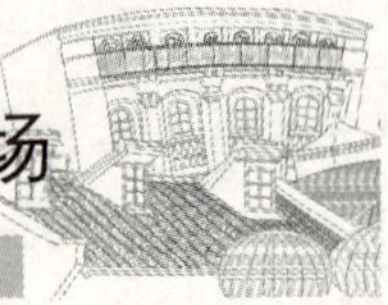

CHENG SHI BEI JING XIAN

中国城市发展到今天，外面看是光鲜异常，其实从贴近居民精神层面的东西来看，已经是面目全非。在这种情况下，似乎没有一个符合内心需求的新的城市发展思路和设计方法。或者说有些有主见的施政者，也受到一些现实因素的影响，根本没有机会去实施。

城市在短时间内发生着剧变，这个过程中历史街区和建筑的保护与再生情况如何？结果不用说大家都知道，北京的胡同有了很大的改变，高楼破坏了很多原本优美的建筑轮廓，自身却形不成一个像样的生活环境——那种在老房子周围才能孕育的、让人踏实的生活环境。

异域建筑师的符号

但是无论民间有多少反对的声音，随着中国城市迅速前行的脚步，中国的高楼还是一栋接着一栋地竖立起来，城市里出现了越来越多的标志性建筑，而这些大项目的设计，大都是由国际建筑师事务所执行的。在北京、上海等大城市，很多新建筑都出自国外建筑师之手，比如中国国家大剧院的设计师是因设计法国戴高乐飞机场出名的法国建筑师保罗·安德鲁；为 2008 年北京奥运会设计国家体育场“鸟巢”的是瑞典建筑师杰奎斯·赫佐格和皮埃尔·德默隆；负责北京首都机场改建工程的是英国建筑大师诺曼·福斯特；上海外滩三号的改建由美国设计师米切尔·格瑞夫斯完成。所以，国内舆论提到这些出现奇特建筑形式的城市，都会无一例外地给它们扣上外国建筑师试验场的帽子。

这确实是无可辩驳的。就连国外建筑师在接受媒体采访时都坦承，中国是块容得下无穷创意的空白画布。很多在国外不可能建造的项目，在中国却是可能的，而且可以不计成本，不计其他影响。

这话或许会让人脸红，城市决策者要的只是标志性，只是唯一和抓人眼球，经常忽略生态、环境和浪费问题。或许，他们压根儿就没有考虑建筑本身是否适合本土，只是觉得它们能够让城市出众就好。中国科学院院士、清华大学建筑与城市研究所所长吴良镛就说过，国外的建筑师有机会在中国进行各种大胆的尝试，是借了中国城市正在进行的大规模建设的光，但是这些国外建筑师或许真的并没有考虑中国的具体情况。他们的设计作品和建筑类型，采用的基本元素是高科技、夸张和前卫，这样的建筑类型在中国往往受到青睐，真是一个奇怪的现象。

这些年更是这样，从对西方的一味模仿，到对西化建筑的全盘吸纳，中国建筑正呈现一种让人惊讶的“乱象”。在这个过程中，很多所谓的个性建筑崛起了，它对中国城市建筑的影响有多大？这些标新立异的楼群和建筑会有多大的生命力？

当然，城市建设者并不关注这些。他们关注的是这类标新立异的建筑是否诞生在中国，是否诞生在自己所在的城市。

面对批判的声音，一些人会用国外建筑界对中国的关注来回应质疑。比如有的官员谈起几年前《哈佛商业评论》杂志请当红的设计师专门探讨北京新式建筑的事，他们觉得很有意思，因为中国的建筑引起了世界顶级学术期刊的关注，这在过去是从来没有过的。

但是一些坚守传统的中国设计师会思索，国外设计师究竟给中国带来了什么？抑或说他们仅仅是把中国城市当做新式建筑的试验场？

在中华人民共和国建立之前，上海只有矗立在黄浦江畔的 24 幢欧洲风格的建筑，代表着一条极其鲜明的时代脉络深入了上海的城市肌理。但是看看现在，从浦东到浦西，再到郊县，许多建筑成为国外建筑的翻版，建筑失去自己的个性，建筑之间的相互关系也不被重视，缺乏城市设计的环节。

浦东陆家嘴地区的一大群高层建筑，包括东方电视塔、金茂大厦和环球金融中心大厦，单个看上去都很个性鲜明，但是靠近了却产生冲突，视觉上会产生混乱。作为一个建筑群，却忽视了建筑与建筑之间的协调性。

东方明珠下的国际会议中心，原来是东方明珠的二期工程，两个巨型的蓝色玻璃球体用一个白色的长方体柱廊式建筑相连接，但它却是不对称的。专家认为，从形式美学的角度看，方和圆之间没有任何过渡就被硬生生地放在一起，形式和逻辑上都没有关联，“它的出现破坏了浦东的轮廓线，硕大而不美的体量为滨水的岸线留下了败笔”。

据说，当时参与项目设计的浙江省建筑设计院都认为：建筑处在这个位置，应该跟浦东金融区的建筑相协调，采用现代风格，跟外滩的古典建筑对比，但实际建成后连 10% 的想法都没实现，除了工期紧之外，还有一些社会因素。

这充分体现出中国的城市规划存在的唯利是图、唯上意识，可以今天建明天拆。中国的城市可以搞很多规划，却只是拆，“规划规划，全是鬼话，纸上画画，墙上挂挂，抵不上领导一个电话”。

领导意志决定了城市的定位和发展。陈志华教授有一次下县里调研，与一个科员相谈甚欢，结果中间来了一个级别比科员高的，小科员马上不说话了。过了一会儿，又来了一个级别比前两个人都高的，其他人就都不说话了，看着后来的那个人说。这是大家都心知肚明却无法破坏的“体制规则”，在城市建设和规划上，它会导致该负责的人往往负不了责。

世博会是更大的先锋建筑试验场

CHENG SHI BEI JING XIAN

城市化给各种各样的建筑提供了立身之地。单从住宅的改变来看，近30年来的变化，留给人们的就是一个不敢想象的事实。作为最接近国际化大都市的上海，市民对这种感悟更深。

最早的文学读物里，上海人的蜗居生活是让人同情的，十来户家庭挤在一栋老式的别墅里。2004年在上海期间，我曾专门体验过那种老别墅的生活。木地板和楼梯走起来砰然有声，但墙体十分不隔音，隔壁有个风吹草动甚至一声轻微的咳嗽都能听得清清楚楚，但是这样的墙体却能阻隔手机信号，显得很怪异。

当然，这种情形早已得到改变。这些年，无论是高档住宅还是普通小区，都给城市居民生活带来了巨大改善。很多原本偏远或者空旷的地方，因为高档住宅小区的诞生，而成为金领、灰领、各类企业主、海归人士、新上海人等群体聚集的区域，而这些新的住宅区或以新颖建筑为代表的区域，通常被认为是城市的未来状态。

“一个阶层的生活方式，从具体化的生活习惯到细节化的生活趣味，都只有在特定的生活区域才能完成和实现。”上海的区域概念正在不知不觉中发生变化。被上海人喊了一百多年的“上只角”“下只角”（上只角原指租界，后来泛指富裕阶级聚居的地段，下只角反之），在城市扩充更新的进程中，随着上海区域概念的淡化而一起渐渐消退。

在每天早晨公交车的移动电视里，陆家嘴、南京路、淮海路、虹桥、东部地区、南部地区……这种多重标准并行的新的区域划分方式，已经被上海人认可。

专家分析，新的区域划分隐匿着对理想生活状态的向往。早些年，上海的虹桥－古北新区被认为是城市生活区域的未来状态。因为那里有来自日本、韩国和中国港台地区的企业主、跨国公司的驻华人员、海归人士、新上海人、外地移民，他们是虹桥－古北新区最初的生活群体。但是现在，这种优势正被浦东等地一些近年建立起来的滨江建筑取代。

另外，世博会也给上海带来了另外的契机。在“城市让生活更美好”的大旗下，数不清的变化再次上演，原来的棚户区矗立起各种建筑形式新颖的场馆。胡语方在《消失中的东方巴黎》中动情地描述：“城市经历着剧烈的变迁，家园变得如此陌生，已经无法找到一幅平衡的街景构图，让我们对城市的建设思路有一个清晰的认知，并从中看到在城市规划和市容设计背后的理性思考。”

2010 年 5 月份我去上海，专程去了世博会展馆区，那里曾经是上海著名的棚户区白莲泾。有些人家世居此地，自祖辈起已住了近百年。家境好的私房住户还陆续翻建了自己的老房子，原来的白莲泾居委会也改造了社区里的水、电设施，把这里变成了上海闻名的文明社区。2004 年 12 月，我专门去拜访那里，彼时宁静的白莲泾弄堂里，煤炉燃烧的轻烟从几户人家的院子里冒了出来，盘绕在黛瓦白墙间。夜幕降临了，只有街角的路灯亮着。在铺着青石板的小弄堂里，有上了年纪的阿婆在路边一米宽的厨房里忙碌，有年轻的女主人在窗外的屋檐下低头炒菜，幽暗的灯光从附近低矮的房子里泻了出来，空气中混着菜香和烟味。

这些熟悉的生活景象，如今早已湮灭在城市化的景象当中，居民们生活了几十年的地方，变成了回忆。而世博会，却给曾经生活在这里以及陆续到达这里的人们带来了新奇的建筑形式。它们以生态、环保或者节能的形式构建着未来城市的雏形，让人觉得几乎每一项设施都可以运用到将来的城市建设当中，成为幸福生活的象征。

因此有专家认为，世博会之后的上海，将会因为“城市让生活更美好”的建筑实践，给城市发展带来更大的动力。在上海举办的一场由中日两国学者参加的关于“世博会后上海国际化大都市建设”等问题的讨论会上，复旦大学国际政治系主任樊勇明曾经提到，为了举办世博会而改建或者建造的场馆等设施，意味着上海中心城区的建设基本完成。世博会必将给上海的生态环境和人们的观念带来极大改变，并具有更大的“吸附”人才的力量。

而在有些专家看来，面积巨大的世博会园区，在一些场馆拆除之后，也能缓解上海土地资源匮乏的问题。在可以预见的未来，这里将成为驱动城市发展的新区域。当然，这里还会矗立起更多的新颖建筑，以与大上海的城市化和它所提出的国际化大都市地位遥相呼应。

CBD：城市再造

一直以来，中国一些大中城市都十分热衷打造 CBD，但是很多人甚至连 CBD 是什么都弄不清楚，我就常常遇到有人问，什么是 CBD?

CBD 代表城市中央商务区，也是城市综合性经济活动中枢，在中国城市化进程中受到的追捧令人吃惊。作为一个新概念，许多人把它视为城市建设的核心竞争力。跟纷纷提出要建国际大都市一样，很多城市把 CBD 的建造当成了城市脱胎换骨最快捷有效的途径。据了解，中国目前已经有40 多个城市在策划实施 CBD 计划，其中很多城市的基础建设已经初具规模。

伴随那些基础建设而来的，是城市提出的宏伟目标，不是要建“区域性的交[illegible]纽”，就是“区域性的物流中心”或“商贸中心”。但是如果仔[illegible]析就会发现，这个城市并没有与这些规划的中心相配套的资[illegible]地理优势，产业分工也不明晰，更没有形成核心竞争力的[illegible]势。只是仿效大城市，建造一堆新潮的建筑，就把它们[illegible]心捆绑在一起。实际上这个区域甚至缺乏基本的生活、交[illegible]套设施，即便用行政手段把一些行政单位办公场所迁入其中，[illegible]了夜晚，也还是一座空城。

再造一个“浦东新区”？

在北京等一些大城市的中央商务区，已经显现人力成本增加等诸多问题，但还有一些城市的中央商务区却在前赴后继，谱写一个个让人惊讶的大手笔。让我最关注的，是郑州建造的郑东新区。

对于郑州来说，郑东新区的建造绝对是一个拉大城市框架、扩大城市规模的大手笔。早些年前，郑州的发展一直以金水区（也就是省直单位所在的行政区为重心），向西辐射到国棉五厂等，向东就是老107国道附近。城市主政者认为，郑州中心城区规模偏小，而且被陇海、京广铁路交叉分割，拓展空间受到制约，与人口大省省会城市的地位不相符，另外，也跟郑州规划要建设的全国区域性中心城市的目标不适应，因而必须寻求新的发展空间，于是，郑东新区在这种情况下应运而生。新区地段怎样划定呢？原来的郑州机场迁往新郑之后，留下大片的土地，于是被当做新区的起步区，原来设立在东郊的国家经济技术开发区也被划了进来，而西边刚好就是旧城的边缘，老107国道。在郑东新区建造之初，在东区以东数公里外建造的一条新的高速公路取代了原来的国道，而老107国道经过拓宽改造，变成了新区和旧城之间的交通要道，行道绿化树不仅密集，而且品种繁多，人行步道也是高规格建造，整体效果甚至超越浦东新区的浦东大道。

郑东新区的城区面积让人咂舌，据公开的数字显示，远期规划面积达到150平方公里，超过建成区的132平方公里，相当于再造一个郑州。

这个新城区的建造，其实也凸显了郑州建设国家区域性中心城市的野心。按照1998年国务院批复的《郑州城市总体规划（1995年~2010年）》的要求，郑州市区人口发展长远目标为500~600

万，城市化水平达70%～80%。所以郑州在郑东新区的建设上进行了快马加鞭的办法。2001年9月，郑州对郑东新区的远景总体概念规划采取国际招标，最后选定日本黑川纪章事务所、法国夏氏事务所、美国SASAKI公司、中国城市规划设计院等11家单位参与规划设计竞争。并聘请了中国建筑学会理事长宋春华、原建设部总规划师陈晓丽等在内的国内外30多位专家反复评审，日本黑川纪章方案最终胜出。

根据郑州市的规划，郑东新区要在五年内建成规模，事实上，这个建设速度比预想的还要快。到2007年底，已经开发的面积达到3.45平方公里，完成建筑面积约300万平方米，入住人口2万人，内环的30栋高层全部开工建设，外环有28栋高层开工建设，内外环共有34栋高层投入使用，新城区可谓初具雏形。2008年，《中国国家地理》杂志执行总编单之蔷到河南考察的时候，参观了郑东新区的夜景，显得非常惊讶。他说，绝对想不到，在河南这样的内陆城市，会有这样的建设大手笔。彼时郑东新区的大型国际会展中心已经建成，陆续承办了多场具有重要影响力的展会，而国内首创的河南艺术中心人工湖音乐喷泉也已经开始在每周末的夜晚表演，吸引了很多看热闹的市民。

为了烘托人气，郑州市的行政单位接到通知，必须在限定的时间内入驻办公。截至今天，已经有市公安局出入境管理局以及金融、期货、学校等400多家单位陆续入驻。这虽是一个靠行政手段推动建设的中央商务区，但是它在金融、会展、商务和文化中心方面发挥的作用也越来越明显。无论如何，这个环境超过旧城任何一个地方、功能也逐渐完善的新城区，是郑州乃至河南城市建设的最大亮点，它受到了参观者和本地区居民的肯定。在第四届中国国际金融论坛上，郑东新区CBD（中央商务区）被称为“中国最具投资价值CBD”之一。

在郑东新区的CBD副中心，分布着写字楼、宾馆和特色住宅，建筑是环形的，路围绕着建筑走，中间还有湖，这样的布局在郑州绝无仅有，所以这里成了一个参观、旅游的胜地，不管是本地居民还是外来旅游者，经常会被推荐或被亲属带到这里，感受郑东新区的建设成就。

从房价的角度看，也验证了郑东新区受到的追捧是有道理的。1996年，这里的住宅价格是每平方米3000元左右，但是到了今天，早已突破万元大关。初建时，一些行政单位考虑到要在东区办公，需要配套解决职工上班难的问题，就发动大家集资，联合地产商进行商业住宅开发，价格比旧城区还略低，一些有房的职工把房源（也就是购房资格）加价1万元到3万元转手卖给其他朋友。如今房价攀升，很多当初放弃购房机会的人，遗憾得直摇头。

不过对于这种以新城建设，准确地说是以房地产、集中行政等拉动的城市化，很多人表示质疑。尽管郑东新区的远景总体发展概念、规划布局是合理的，比如环式理念，比如生态城市理念。还有在总体规划中面积占到30%～40%的水域和绿地比重，也在营造一种林在城中、城在林中、河水相伴的生态宜居环境，但是郑东东区要形成一个独具魅力的新城市，恐怕还需时日。质疑者的理由是，如今的郑东新区很漂亮，建筑林立，水景迷人，周末也有了一些情调，但生活配套设施等还需要完善，另外很多机关和单位刚搬到这里办公，职工还住在老城区，所以有人说，到了夜里东区几乎成了一座空城。

但是对于郑州施政者来说，他们还有更高的期待，无论是中央商务区也好，郑东新区也好，它们都只是一个引擎，这个引擎会带动崭新的郑州发展，成为整个中原城市群的龙头。郑州多年以前就提出要打造中原城市群，期待着把周边的新乡、开封、许昌、洛阳、焦作等几个城市拉进来，组团发展。为此郑州从很早就开始实施融城计划，首先是开封。郑州不仅早已与相距90千米的开封开通了双向十车道的郑开大道，同时还规划了另外一条通往开封的城区大通道，随着开封西区的建设，两地的直线距离缩短到了60千米。此外，郑州直达许昌市的公交车也已经开通。

钢筋混凝土构建的“新围城”

但是作为省会或者期待成为龙头城市的郑州，产业定位却一直不明晰。中国科学院地理科学与资源研究所研究员毛汉英说，他们在2010年刚刚帮郑州做了一个全新的规划，帮郑州找准定位。毛汉英说，对于区域城市群而言，城市的互动和促进很重要，这是一体化的基础，未来的郑东新区还可能被无限放大。

而据郑州市政府相关人士透露：现在正在做的郑州东部1840平方公里的战略规划，即大郑东新区规划，不仅包括郑东新区和郑州经济技术开发区，还包括了郑州航空港区、郑汴产业带、九龙国际产业园等五个组成部分。与旧城区不同的是，大郑东新区在规划范围内考虑到了城乡的统筹发展，对各种产业业态进行了全面的空间布局，并非一个进行集中建设的城市建设区。

尽管目前这还只是一种未来城市的规划，但是这种一体化的架构对房价的影响却已彰显，在郑东新区东边的中牟县城，房价已经跟随郑州城区住宅的价格一路攀升。为了托起这样的城市框架，郑州建造了新的环路——四环。2010年5月底，全长80余千米的东西绕城公路贯通，到年底，西绕城公路与国道107辅道对接后，会形成四环线，四环线将把沿线乡镇诸如花园口、毛庄、沟赵乡、古荥镇、马寨、侯寨等一一囊括，成为城市的近郊。而这样的变化，会把郑州的城区面积扩大到550平方公里。河南社会科学院有关人士说，50 年，城市放大数倍，这是不可思议的发展速度。

但也有人质疑这种摊大饼式的城市建设，城区不断扩大，路也越来越宽，但是城区道路拥堵却越来越严重，原因是什么？交通拥堵是环路所能解决的吗？郑州的环路建设起步于 20 世纪 50 年代，当时郑州市的绕城路主要由金水路、大学路、陇海路、紫荆山路构成，围绕行政区建设。后来才扩展到农业路、桐柏路、航海路、城东路、经三路以及未来路，它们合起来大约 30 千米，被当做郑州的二环。如今这些路段周围遍布商业设施和写字楼，成为最拥堵的路段和区域之一。

航海路在 1996 年前还是摩配城所在地，各种大货车从这条路上通行，路面被大货车压得坑坑洼洼的，如果骑着自行车跑一趟这里，好像是到了远郊，但是随着 2001 年三环路的建成，还有以金色港湾、富田太阳城、花都港湾等为代表的楼盘的崛起，航海路成为市内最重要的通道。当时建成后因为宽阔空旷，三环的部分路段还被很多人当做练车的场所，可是不过 9 年，交通压力迅速增加。原因之一是机动车辆的迅速增加。有关人士用井喷来形容车辆的增加速度。尽管目前的机动车总数不足 150 万辆，但这对于常住人口在 2009 年底已达 752 万的郑州来说，的确也是很大的增幅。到了上下班时间，无论是内环、二环还是三环，都会遇到拥堵。原来从金色港湾到火车站，掐着点 15 分钟就能赶到，现在提前一个小时出门都觉得没谱。

郑州开通四环路，估计是寄希望于用环路来缓解交通的压力，但这是治标不治本。因为城市没有形成各自独立而功能齐备的区域，跟中央商务区的建设一样，看起来是再造了一座崭新的城市，但它只是上班时停留的地方，甚至连基本的生活设施都没有形成，比如去市公安局出入境管理处办事，早上想在那附近吃个早餐，都找不到一家餐馆。这样一来，白天工作在那里的人晚上还是要回市中心区域，而住在郊区的人工作又要到市中心区域。生活和工作依然是分离的，这种情形在北京等一些大城市也是如此，比如很多人住在回龙观，白天到 CBD 等地方工作。若期望把家安在寸土寸金的 CBD，房价就不是普通的工薪阶层所能承受得了的。

以优化环境的名义占地

CHENG SHI BEI JING XIAN

在关注 CBD 再造新城的同时，我们还不能忽略建造 CBD 以及配套设施带来的弊端。比如盲目扩建和违法批准用地导致的违法建筑问题。

上面提到的漂亮的郑东新区，其实也遭遇过违法征收、占用土地，建设龙子湖高校园区的问题。为此，河南郑州市的主要领导还受到了处分。2006 年 9 月 27 日，国务院总理温家宝主持召开国务院常务会议，对相关单位和责任人作出严肃处理。根据国土资源部、监察部调查，2003 年 ~ 2006 年，郑州市政府及有关部门违反土地利用总体规划和城市总体规划、违法批准征收集体土地 991. 8 公顷(14877 亩)，用于龙子湖高校园区建设。其间国土资源部曾经对这一违法问题进行调查并要求郑州市纠正，但郑州并没有按期进行整改，甚至还扩大了违法征占土地的面积。最终惹恼主管部门，导致国务院出手，数个责任人受罚。

这显示了国家对各地土地违法行为处罚的力度和决心。事实上这样的违法批准、征收占用土地的案件，在中国的城市化进程中屡见不鲜。2010 年 5 月，根据《人民日报》的报道，在过去的几年里，中国单宗违法用地面积上升明显，一些地区拟建、在建高尔夫球场现象有所抬头。同是这年的 5 月，国土资源部还公布了已经查处、并公开挂牌督办的 18 起土地违法典型案件。涉及广东、江苏、安徽、陕西、重庆、江西、湖北、云南、贵州、河北、河南、浙江和广西等省市自治区和直辖市，其中公开挂牌督办的国土资源违法案件，有一起就是涉及高尔夫球场的，即浙江安吉。

富人的游乐场

事实上，高尔夫球场违规用地现象各地都存在。在富裕和发达的省份建设高尔夫球场更是契合了地方政府提升城市形象的思路。几年前，南京也有过高尔夫球场非法用地的情况，为此我曾经专门奔赴南京调查，但还未回到办公室，宣传部门的说情电话已经打到了当时我所在的报社。其时是 2005 年 12 月 15 日，这一年，除了建好的 1 个球场外，南京又出现了五六家正在建设的高尔夫球场，还不算江苏其他地方在建的高尔夫球场。

根据我当时拿到的一份《江苏省高尔夫球场建设情况调查》表明，当时苏州已经建成的有两家，在建的有两家。另外，当时在建和拟建的还有无锡的两家，以及江阴和昆山的两个项目。

一个城市真的需要这么多高尔夫球场吗？它们动辄占地达数千亩，有些打着休闲度假的名头，比如当时以旅游休闲名义实施的项目在江苏占了近 10 家，其中无锡的太湖和东宝，以及江阴的要塞、太仓经济开发中心和昆山双洋，都是旅游休闲项目，大多数拥有配套服务设施和会所。以优化环境的名义立项，事实上大多是“偷梁换柱”，目的就是获利。有些国土部门的官员认为，刚好是这部分打着休闲度假中心名义申请审批的，容易蒙蔽政府，因为谁也不知道其中是否含有高尔夫项目。毫无疑问，这些非法用地项目给资本寻租提供了空间。

按说高尔夫球场应该以改造荒郊、平整滩涂为主，但是江苏是平原地区，很少有大片的荒郊供开发改造，导致有些现有的高尔夫项目征用的土地中含有部分耕地，这样一来，拿到地皮的价格就相对较高。不搞变相的房地产开发，其实是没法维持正常运作的。这是一个谁都知道却谁都不说破的规则。高尔夫球场俱乐部，通常配有高级私密别墅和花园，比如作为城运会项目的钟山国际高尔夫俱乐部、禄口高尔夫球场。

对此，东南大学房地产研究所所长李启明说："政府要优化投资环境，会对高尔夫项目大开绿灯，而投资者要经营，当然以盈利的最大化为目的，所以改变用地性质，是意料之中的。目前，高尔夫项目蜂拥而上，同时很多在变相搞房地产开发，实质性问题是，土地部门的监管力度需要加强。"

土地是城市化的加速剂

CHENG SHI BEI JING XIAN

根据官方公布的数据，中国的城市化进程每年都在加速，近十余年来，城市建设规模和开工建设面积更是连续增加，是什么给城市带来如此强劲的发展动力呢？

中国科学院地理科学与资源研究所研究员、现任住房和城乡建设部城乡规划专家委员会委员和中国城市规划学会原副理事长胡序威将其归结为两点：一是因为土地性质，二是以农民为主的廉价的劳动力。

在专家的眼里，现阶段中国的城市化，其实更多是表现在土地的城市化上，因为中国实行土地公有制，在城市里土地国有，在农村，农民对集体土地只有使用权。国家可以根据规划建设需要，征用农村集体土地为国有土地。国家可以以不高的土地补偿征用农村的集体土地，与土地私有制国家相比，征地成本相对低廉，而且比较容易。“对于城市建设者来说，这种情况容易储备建设所需的大量土地资源。而中国人有储蓄的习惯，庞大的存款给银行提供了充裕的放贷资金。加上改革开放带来的巨大市场空间和大量外资，城市的基础设施建设非常迅速，各个地方之所以迅速出现数不清的高楼大厦和宽阔的广场和马路，唯一的原因就是拿地方便”。

后来土地可以有偿转让也是一个促进机制。从 1987 年开始，土地可以流通、转让，到 1992 年土地可以进入市场，很多地方为了扩大城市规模，大量占地，各地竞相建立开发区，沿海地区更甚。有些地方通常都是先把地征过来，然后以零租金的方式提供给经营者，以达到招商引资的目的。这样一来，一个地方的 GDP 总量便达到了迅速增加的目的，但这不代表城市化。

1997 年亚洲金融危机之后，中央政府考虑要扩大内需，刺激消费，但居民存进银行的钱舍不得花，高层意识到，必须要让农民富裕起来，所以要加快城市建设，这是“十五”计划提出“要把积极推进城镇化作为一个战略”的背景。

但是当“积极推进城镇化”的战略提出之后，中国大地上又迎来了新一轮的占地狂潮。在这种情况下，很多城市还继续扩大规模，这样就为大量征地创造了条件。原来并不发达的城市，地价也并不高，但是随着城市扩大，地价飞快上涨。

这种由土地带动的城市化规模的扩大，的确在短时间内促进城市形象迅速转变，也使城市人均住房面积迅速攀升。就全国来说，中国城镇人均住宅建筑面积从 1979 年的 3. 6 平方米和 1991 年的 7 平方米，增加到 2005 年的 26. 11 平方米。但是这种数据目前已经没有任何意义，因为它不像多年前的人均居住面积那样是反映经济条件的，如今各个城市都充斥着利用房子投资和投机的人，所以造成商品房大量空置，而真正需要房子的人，实际的居住条件或许没有丝毫的改变。

作为始终掌握在地方政府手里的最能增值的资源，土地尽管带来了城市各项数据的不断增长，但是对于农民而言，土地并没有为他们带来更多的财富，城市的规模化在不少地方造成了城乡居民的收入差别越来越大，也积聚了新的城乡矛盾。为了改善这种矛盾，减少城乡居民的收入差别，新农村建设的战略构想遂在此时被国家正式提出。

胡序威说：“为中国城市化作出最大贡献的是农民，土地是靠农民提供的，大量廉价劳动也是来自农民。但是他们却无法像城市居民那样享受到应有的待遇。”

所以我们常常看到的景象是，农民在城市的角落里四处奔波，从事着各种各样脏和累的工作，但是他们的居住环境和子女教育却面临着困难的境地。每到节假日，农民工大量返乡，千军万马挤在车站、广场上，不仅使交通压力倍增，也让他们不得不忍受旅途劳苦，同时还给“黄牛”牟利创造了机会。

而很多人都意识到，这样的两栖工问题早晚都是必须解决的。城镇化不能长期牺牲农民的利益。现在的城市化率考核，是把在城市居住超过半年的农民工都完全城市化，但实际上他们又没有享受到城市化公民的待遇，你能说这是完全的城市化吗？

“现在城市化的主要问题是要解决农民工的身份，让他们长期在城市里住下来，在这里工作的时候，城市要提供一切社会保障和市民同等待遇，这样才是公平的。”

但是要解决这些问题，整个城市化还要加速，这是客观规律。现阶段中国处于工业化加速阶段，专家估计，再过二三十年，中国的城市化率将可以达到60％～70％，但是能否称为真正的城市化，还要看是否解决了若干问题。

城乡一体化需要一个慢慢融合的过程。在这个过程中，国家的财富分配要向弱势群体倾斜，这样才能逐步体现公平。但城市化不是让所有人都到经济核心区，到大城市里来，还是要考虑均衡发展，可以先从小城镇开始，因为大城市生活成本高。对于小城镇来说，强调县域经济，就是以县城为中心，先把经济搞起来，让人口聚集起来，把小城镇扩大，慢慢增加吸引力，这样人口聚集之后，产业就能发展，而类似长三角、珠三角这样的经济核心区也需要产业带动、网络化发展，这样就能依靠快捷交通形成现代化的城市群，从而辐射和影响不发达地区。

重建与安置：财富与资本的考量

在上海工作的时候，曾经听一个同事抱怨，说他们家原来居住在淮海路名店街附近，但是后来老房子被拆迁了，给他们的安置房在锦江乐园附近。这块安置小区地处上海市西南部区域，今天不但有地铁1号线、沪杭甬高速公路线和铁路沪杭线，还有市区内二十余条公交巴士线路在周围设站，附近也有大型购物中心，但在前些年的确显得太偏远了，居民下车要走十来分钟的路。甚至有些嫌路途太远，孩子读书不方便的人，宁愿在城区租房居住。

后来，著名的衡山路附近也有一些居民住宅涉及重点项目而被拆迁，但他们得到的补偿远比我同事的家拆迁时的补偿要多，有些资历比较老的上海话剧院演员，还在距离市区大约一小时车程的西部得到了别墅。

这是在城市化推动过程中，两件相距并不遥远的事，但是城市拆迁和重建所要付出的代价，却是在倍增。尽管地方政府并没有公布具体的安置和建设成本，但事实就是这样。几乎所有的城市在开始进行旧城改造时，都无法避免拆迁和安置，而通常，居民安置在原区几乎成为一种奢望，最后的结果一般是普通民众搬离原来的市区，被安置在偏远的郊区，而他们原来居住的土地，早已经被资本划定，在其废墟上将很快矗立起豪华的商业中心和各种时尚场所。它们被粉饰成城市最佳商业区、商务区或者娱乐休闲区，成为外地游客眼中最典型的景观或者建筑代表。

早些年前，很多违规的拆迁问题都被快速的城市化掩盖着，但是随着民众维权意识的觉醒，如今在旧城改造中暴露出的问题正越来越多。那些实施改造较早一些的城市，大多已经完成了主城区的规划建造，使原来居住在旧城区较好地段的民众搬离，在政府规划的安置区里了住下来。而旧城区通过改造，建造了很多豪华的商业建筑，它们成为商业资本的聚集地，当然，也意味着富人从此住了进来，在城市中自然地形成社会地理的层次化。对原本居住在主城区又被拆迁搬离的人来说，这其实是不太公平的。当然，现在很多城市都对拆迁实施了货币化补偿模式，并优先考虑到原住居民的回迁，这倒是一个解决问题的好办法。但是旧城改造拆迁的制度并不完善。

2009 年 9 月 27 日，在今日美术馆举办的中瑞建筑研讨会上，清华大学建筑研究院副教授周榕做了一场题为《中国当代在城市化进程中的批判性展望》的演讲，他在演讲中提到：当代城市的社会生态系统长期处在一个不健全的状态。社会的参与在城市化当中的缺失，导致了中国当代城市出现了显著的区隔化倾向，城市空间被权力和资本割据，大多数中国当代城市好像被抽离了肉的三明治蛋糕一样，只有权力空间和资本空间，没有社会空间。

“这种恶劣的城市化，变成一部分群体对另一部分群体的隐性掠夺。”毫无疑问，它还会导致城市空间架构的失衡。不同阶层的人，从居住的区域就可以轻易分割。

而那些搬离主城区的民众，将会面临更大的尴尬局面，尽管政府承诺会在交通等设施方面不断改进，但是这种速度远远赶不上城市堵车的速度。所以他们不得不忍受着每天漫长的上班路程和不断攀升的生活成本，做城市中最郁闷的一族。

尽管随着拆迁制度的完善和人们为维权所做的努力，如今的城市已经基本上看不到大拆大建的局面，但是博弈是不会停止的。

第三部分

酷性的中国：城市的特质是文脉

缭乱的时尚和洋气。

沧桑巨变。那些个个标新立异的摩天大厦，堆砌出让人眼花

迅速攀升的建筑个头，见证了中国城市在短短30年间的

城市是有味道的

CHENG SHI BEI JING XIAN

不管如何纷乱，中国城市毕竟在现代化的道路上实现了从丑小鸭到白天鹅的华丽转变。

因为职业的缘故，这些年我到过近26个省份、自治区和直辖市的数百个大中小城市，也关注过每个城市的古典和现代特色。有时候把所见与书本上的历史一对照，觉得每个城市的变化速度快得离谱。比如在到一个城市之前，总会有一些隐隐的喜悦伴随，在散淡的意识里，遐想即将到达的城市的个性，会是史料中记载的那般迷人吗？等到真的进入这个城市，才发现心情会有较大的起落。

文化让城市形成不同的脾性

有些城市或许我从来没有去过，但味道已经不对了，有些已经到过多次，但每次的感受也都是不同的。有时候我心底对这个城市分明隐藏着新鲜的期待，但是身在其中又会觉得陌生。比如有机会回到熟悉的城市，记忆里前几年那里的街道还是古朴宁静的，但是才过了不久，城市化浪潮似乎早已席卷了一切，一个曾经让人心动的地方，早已被高楼或者广场等建筑物取代，那种失落的感觉仿佛是丢失了心爱的玩具。

这就是中国城市想要的变化吗?

我不知道主导城市建设的人是如何想的，比如在中国的一些历史悠久的城市，大多都有着深刻的人文背景，城区之间基本镶嵌着数千年前古人的活动轨迹、珍贵遗迹、历史典故等，在从古到今的发展过程中，这些历史遗迹积淀了独特的文化，它们成为城市最有内涵的标志之一。有时候它们就静静地躲在城市的一角，见证城市的兴衰和变迁。只有当人们顺着这些脉络，仔细梳理和寻找关于这个城市的个性和气质的时候，才会发现它们刚好是代言城市文化最恰当的东西。

但是很遗憾，这些东西在很多城市都无一例外地褪色或消逝了。城市建设者片面地仿照国际城市，追逐大的广场、宽阔的马路和奇形怪状的大厦，造成了城市重要特征再也无可替代、不能复制的后果。

我无法用简略的文字确切地概述一座城市的价值，但是我一直相信，最能体现城市面貌的，除了这些悠久的文化遗产外，还应该始终保持一种为当地民众所熟悉的主导文脉。因为在中国城市化的进程中，无论是新兴的、古老的、或者是最终要被现代化淹没的城市，在“发展决定一切”的建设大潮中，都会遇到社会潮流的冲击，街道越来越宽，街区越来越漂亮，建筑形式也越来越丰富。但是不管怎样改变，城市的个性空间是需要存在的。地缘和历史凝聚的文化情结，更需要融合在城市的面貌当中，它们会历久弥新，形成鲜明独立的城市印记。

我们都不会否认，经济发展和国际化融合，一定会给若干个城市带来改变。让城市高楼林立，让街区车水马龙，然而中国城市的文化格调、自然风貌、历史底蕴和景观形象，是伴随着传统本质和内在的城市个性而来的，所以，建设者的迷失不仅让太多的城市失去自我，还容易导致居民和城市缺乏共鸣，导致很多人回到生长的城市，却突然间觉得这里变得很陌生。

记得温家宝总理曾经指出，“一个城市历史文化遗产的保护状况，是研究城市文明的重要标志，在城市建设和发展中必须正确处理现代化建设和历史文化保护的关系，使城市的风貌随着岁月的流逝而更具内涵和底蕴”。

这代表着中国的认识和进步，中国建筑传统的文化和民俗色彩构成了中国城市固有的魅力，如果能把传统和现代很好的调配融合，那么很多建筑都会形成生动迷人的细节。其中，有些中国城市特有的文化载体，还会成为地域的标志，就像拉萨是圣洁和纯净的胜地代名词，丽江是浪漫和古典之城。尽管这些代表城市特质的元素事实上也在遭受目前的城市化浪潮的冲击，但是因为存在着不同的生活方式和生活内容，以及它们色彩鲜明的城市文化继续在不同的空间里体现着，所以人们还是很容易从它的建筑和风情里，辨别出文化的交替兼容。

城市是有味道的

我想起学者于丹曾经在她的《当城市穿过生命》中写道，她能准确想起每一座城市空气的质感：或干松爽利，隐约着空旷的冰雪，或潮湿滋润，让神往一瞬间就恢复了弹性，就如同每一处城市的口音，尾韵里的那点生动，离了这个地方就再也复制不出来。

比如她提到杭州，就想起自己“在西湖边上，一盏清茗在握时，总看见氤氲缭绕的香气弥漫在一湖烟波往事中，恍惚觉得是一千年前，杭州叫做临安时，我一定是个西湖画舫中的书生，如同《花间集序》称‘有绮筵公子，绣幌佳人，递叶叶之花笺，文抽丽锦；举芊芊之玉指，拍按香檀……’这个城市的绘声绘色，袅娜了千年，犹自不远……”

而当她站在丽江的太石桥上，看着“朗日之下一千六百年前流水冲刷着流光，哗啦啦从一座没有围墙的城池里涤荡而过，远处的玉龙雪山缄默地酝酿着从未融化的冰雪”，听着近处桥头上一家卖布农铃的小店悠远敲响了马帮的声音……又会觉得时间与空间的边界在这座城市里都变得模糊”。

还有南京，她用诗意的语言回味说：“沉郁葱茏的梧桐掩映之下，一步青砖就踩疼一段典故，六朝金粉褪色为黑白里泛黄的一帧薄纸，看见胭脂井时，清冽的井水里已经辨不出脂粉的嫣红”，“门外韩擒虎，楼头张丽华”那段碧眼相续的涣变还兀自凝碧于寒烟衰惫中……她曾经拉了当地的朋友带她去寻觅那一段“浪打石头寂寞回”的石头墙，问了许多人之后，穿越过一片辽阔的垃圾场，终于，一处石头城墙根下吝啬地展露出一带不太长的斑驳苔藓，浪涛拍打的动静却早已经平息……

而在我走过的若干个中国城市里，大到帝王生活的领域、高耸的黄瓦红墙，小到古朴的灰瓦白墙、胡同里弄，它们传递的信息也是相似的。我觉得这就是中国城市的味道，有着特定的生活细节、有着纯粹的城市韵味，同时还包含着一切记忆中的美好。但是现在，城市化留给我们的只有回忆。

我们似乎忽略了“城市是用来居住的，忽略了每一种居住体验都带着个人色彩”。我们似乎也忽略了城市是一种坐标系，忽略了一个人和某个城市之间强烈的默契或惊心的反差往往可以瞬间映衬出生命中的悸动。我们穿越了一座接一座雷同的城市，发现只有那些能够引起生命共鸣的城市，可以用一帧一帧定格的年华，做成记忆中永不褪色的风景。

当然，我下面讲述的这些城市，并不一定能够引起生命的共鸣，但是在那些同其他城市一样的雷同里，或许有许多让其他城市可以借鉴的东西。

昆山之变

CHENG SHI BEI JING XIAN

在很多内地乡镇还在城市化道路上徘徊的时候，沿海一些新兴小城镇已经开始了飞速发展，城市建设更是脱胎换骨。江苏的昆山就是最典型的代表。很早就从连云港搬迁到昆山居住的一位老师告诉我，看看昆山以前的样子，没有人能想到现在它会成为中国城市化水平最高的城镇之一。

昆山只是距离上海50千米的一座小城，它在上海和苏州之间，在几十年之前，这是一个安静的充满灵气的江南水乡小城。若干年后，它吸纳了全球60多个国家和地区的资本大鳄和世界级的企业，单世界500强的企业中，就有60多家落户这里。它们的到来，使昆山成为国际资本最为密集的中国经济区域之一，也是经济高度国际化的开放性城市。

经济对于昆山城市建设的推动是有目共睹的。2009年，昆山市实现地区生产总值（GDP）1750亿元，财政收入360亿元，超过1619亿元的厦门市地区生产总值，相当于云南省省会昆明市当年的地区生产总值。

这一点是最让人讶异的。跟昆山相比，厦门是福建省的一个副省级城市，是中国5个计划单列市之一，同时也是中国首批实行对外开放的五个经济特区之一，城市面积和人口总数都超过昆山，而昆山只是隶属苏州的一个县级市。昆山的经济实力之强由此可见一斑。

上海一位家纺企业的中层管理人员，从厦门大学毕业后，曾经在厦门一家企业工作过几年，后来，她回到了昆山，因为这里离她的老家嘉定比较近，周末能够正常休假，年薪也不比厦门差。不过她说，就城市环境来说，“城在海上，海在城中”的厦门，无疑是中国居住环境最好的城市之一。它像一座风姿绰约的“海上花园”，有海滨美食，也有异国建筑，气候也适宜，这一点是昆山无可比拟的。

但是从城市建设的角度来说，昆山的发展速度不可小视。昆山强劲的经济实力直接促进了城市的扩容。城市空间的拓展又带动了人口的集聚膨胀，城市面积也随着经济区域迅速扩大。在原来的昆山城区里，只有人民路和亭林路商业圈，后来无法承载了，昆山便全面向外拓展，把原来的乡镇都收入囊中，那些原是城郊的地方，很快建成功能完备的社区。人口开始往新城区迁移，一些国际知名的商业连锁机构也纷纷追随，沃尔玛、欧尚、家乐福、麦德龙、乐购、易初莲花等遍地开花，很快成为辐射力超强的新兴商业圈。在房地产销售火爆的时候，一些购房的人还根据区域的不同，给昆山的住宅划定了几个“购房圈”，包括城东开发区、城西生态区、城南轨道圈、CBD 中央商业区，以及以易初莲花等购物广场为中心的城北生活圈。

人的聚集也让昆山的房地产业迅速发展。相关数据表明，截至 1992 年底，昆山原来不过 9 家房地产公司，从 1988 年到 1992 年的 5 年间，商品房的竣工面积是 52.62 万平方米。到 1993 年，昆山的房地产开发企业猛增至 46 家。而到了 2002 年，这个数字又有了蹿升，有资质的房地产开发企业达到 206 家。在 2006 年 1 月 ~7 月，昆山市的房地产开发面积达到 1000 多万平方米，一下子超过了宁波。

房地产和城市化互相促进，使城市面貌迅速改善，并吸引了大量外来人口，文化、教育、餐饮、零售以及服务业也得到提升。一个昆山，竟然有全日制高等院校七八所，就连世界顶级学府也把新校区建在了昆山。费尔蒙、瑞士酒店、希尔顿、铂尔曼、万豪国际酒店、万丽酒店、皇冠假日酒店、华美达、新港湾锦江、一醉、裕元、君豪、中信、澜廷、宝曼、朋德、大友等数十家五星级饭店在此落户。

今天，这个县级市不仅多年位列地区生产总值前茅，而且还顶着现代文明的新兴工商城市、国家卫生城市、国家环保模范城市、中国优秀旅游城市、国家园林城市、国家生态示范区、“最佳中国魅力城市”等一系列桂冠。

不过在土地利用上，昆山可供开发的土地资源严重不足的问题也已经凸显。尤其是在高尔夫球场用地方面，更是值得警惕。作为县级市的昆山，目前竟然拥有四个国际标准高尔夫球场，这恐怕也是很多城市不能相比的。

城市迫切期待扩容，但是随之而来的，将是与土地的直接矛盾。我想起小时候成长的小镇，有河道从小镇中间穿越，这既是一条泄洪河道，又是一条灌溉河道，清澈的河水一直向南流淌，经过无数个村庄。但是随着小城镇的建设和人口的急剧膨胀，河道在短短的十几年间变了模样。最初，是有钱的农民在靠近集镇的河道上架桥，然后把房子建在桥上，上面住人，下面的门面用来出租。其他人看到这样没人管理，也纷纷仿照着前面的样子把房子建在河道上面，天长日久，整个河道竟然成了宅基地，原本清澈可见的河道渐渐隐藏在房屋下面。后来桥上的一些住户开始向河道倾倒垃圾，致使河道受阻，污染的水无法排放，变得臭气熏天，再到后来，河道渐渐被垃圾填平，几乎再也看不到河道的样子。

而在很多农村和城郊，土地也被不断聚集的人群侵蚀着，记得我小时候生活过的地方，原本有 3 个同属一个行政村、建筑却并不相连的村庄，村庄和村庄之间是大片的农田和水沟，也有大片的树林和果园。在 20 世纪 80 年代初，有人开始在两村庄之间搭建房屋，接着有人跟进，把水沟填平圈出另外一块地方盖房。那时宅基地控制似乎没那么严，向村里一申请，基本就会得到一块新的宅基地。这样一来，空阔的郊野被各种各样的自建房屋占据，大片的农田、果林还有河道都消失了。

而所有这些，只是中国村镇在城市化进程中的一个缩影，相信它在很多城市的扩张中也普遍存在。

梳理中国城市的摩天大楼

在城市高楼大厦崛起之前，城市和乡村一样是有地平线的。

记得很早的时候读到以前的文学作品，总能读到有关地平线的描述："一条蜿蜒曲折的小路伸向远方，消失在天地相接的地方……"，在视野之中，间或有一个村庄，或者一些低矮的房屋和树木，黎明或者黄昏时分，有袅袅的炊烟升起，跟柔和的棉絮一样的白云交织在一起，有时候还会有几只羊在眼前移动，点缀着空旷的地平线，四周充满了恬淡和宁静的意味，也充满了诗意。

那时的城市或乡村，跟高大的建筑是无关的。那是一种空旷无垠的感觉，或许就跟今天人们在草原或者戈壁看到的建筑一样，在无遮无拦的情况下，通体张扬着辽阔和悠远的个性。记得 2010 年 10 月我驱车从内蒙古的二连浩特入境蒙古，那些依附在辽阔草原之上的建筑，离远了看都像是地平线上的点缀。沿着边境线一直走下去，汽车一整天都是穿行在草原当中，眼前只有一条蜿蜒曲折的砂石路，它伸向无穷无尽的远方，没有任何参照物，远方只有白云、蓝天，继续往前赶，依然是蓝天白云下的蜿蜒曲折，仿佛没有尽头。夜晚来临的时候感觉更甚。每当透过挡风玻璃看到远方璀璨的星空之下蓦然出现一点灯火，一车人都会惊叫起来，以为我们的目的地马上到了。可是车行了半个小时，那灯火依然在远方，距离仿佛没有任何改变，继续驱车前行，半个小时，一个小时，灯火还是那样。

直到灯火忽然消失，然后再走上十来分钟，眼前才豁然开朗，真的出现一片灯的海洋。原来，它们就在草原起伏的坡地背后。我们这才知道，在如此开阔和缺少阻隔的地方，视力是如何的无遮无拦，深邃悠远。

只是，眼下所有的内陆或沿海城市已经没有这么诗意的地平线了。这样辽阔的情形在今天人口密集的地方已很难想象，所以很多热衷于户外运动的新生代从高原草地回来，总会夸张地描述他们见到的情形是怎样的辽阔和悠远。其实他们不知道，那种情形就是我们年少时最常见的风景，哪怕是普通的内陆城市，也充斥了这样的恬淡和悠然。可是今天，再看看我们生活的四周，到处都是生硬而凸起的水泥钢铁建筑，还有缠绕在建筑中间的立交桥，视野再也不能像几十年前那样，恣意地逡巡。心有不甘的人们，即使是站到一个城市的最高点，还能看到大片舒缓而美妙的建筑和稻田吗?

答案当然是否定的。几十年间，城市夸张的轮廓和表情、也就是我们称作“天际线”的东西取代了地平线，那些几乎与地平线重合的低矮房屋早已被高楼大厦取代和遮挡，高低错落的建筑轮廓线交相辉映，取代了地平线的平滑、辽阔和低矮。

城市里充满了人为的勾勒，留存在摄影师的底片和画家着色板上的，是远远近近的火柴盒一样的堆砌物。这时候人们才发现，原来眼前的场景就是我们在20世纪六七十年代无限畅想的东西，那里穿行着汽车、密布商店和街区。可是眼前真实的场景却没有那般的宁静和温馨，有的只是汽车喇叭的喧嚣和拥堵时的烦躁。

这就是真实的城市?它的确为那些后进城而突然被建筑震撼的人们提供了可供艳羡的范本：有高楼的地方就是如此气派，整洁的草坪看上去也很漂亮。不过他们很快就会发现，那些嫩绿的草坪怎么就脆弱得拒绝任何人涉足呢?教科书里那些被刀割手薅还年年旺盛生长、遭遇野火还生生不息的野草哪里去了？城市所要的，就是那种娇嫩得没有任何实际意义的摆设吗？它们能满足城市的虚荣，却扼杀了民众的快乐和自由，这就是人们需要的城市生活吗？

但是又能怎样呢？即便我们不想，还是得回到高楼。或许主政城市的人自己也不喜欢这样的场景，他们只是需要一个展现政绩的舞台，以致各个城市都在竞相比高。攀比第一高楼的硝烟，淹没在媒体的口水战里，但始终若有若无地吸引着民众的视线。

十年的建筑等于欧洲的一百年

2009 年，全球有名的天际线计算系统搞了一个全球大城市天际线排名榜，按照城市高层建筑总体海拔排名，头 20 个大城市中中国竟然占了 7 个。这个计算系统把一个城市中所有超过 90 米的高楼作为基数，然后把它们的高度值扣除这个 90 米的基数后再相加，最终得到的和，就是这个城市高层建筑的总体海拔。从这个排名中可以看出，短短的几十年间，中国的高楼大厦竟然击败了数个鼎鼎大名的世界级城市，跻身拥有最高建筑的行列。

这其中位列世界第一的香港并不让人意外，让人意外的是上海超过了东京，仅次于纽约、新加坡、芝加哥等国际大都市。真不知道该高兴还是无奈，但城市成长的事实却表明，没有哪个城市回避这样的热闹，或者甘愿落在其他城市之后。

像是许多时候准备用催长素拔高孩子的家长一样，人们也习惯用高楼以及建筑高度的改变来反映城市的变化。总觉得欧美国家就是高楼林立、大厦遍布的，但是仔细看 2009 年的这份榜单，人们就会惊奇地发现，根本不是那么回事儿。美国的纽约应该是摩天大楼最早的诞生地吧，美国比其他国家的高层建筑发展得都早，按照后期同等发展速度的话，任何国家也不会超越它，但是让人大跌眼镜的事实出现了，在这个榜单上，美国入选的城市只有两个，而中国却有7个。

我们总不能说人家没有财力建设高楼大厦吧？答案只有一个，成熟的城市化不唯高楼，或者人家就是要自觉摈弃那种高层建筑组成的城市化模式，转而更加注重城市内涵。另外，在经历恐怖袭击和火灾之后，一些国家对高楼的立项会更加谨慎，可让人不解的是，在中国一些城市，今天还在为建造世界第一高楼而互相攀比。

城市在每个阶段都有不同的面貌，城市化在每个人心中也有不同的理解，我们用这样的事实说明城市个头蹿升的理由，好像是合适的。但即便如此，中国城市建筑的高度和增长速度还是惊人的。

以上海为例，同济大学郑时龄院士曾经在接受记者采访时透露，这个城市在10年间建起的高楼差不多相当于欧美100年的数量。从1846年开埠到1946年的百余年间，原本煤渣铺路的外滩，渐渐成为国外建筑的聚集地，矗立起各种带有异域风情的建筑。而在它对岸开放不过20年的浦东，各色建筑已是遍地开花，在原本贫瘠荒凉的土地中，隆起无数的梦想和第一。

国内其他城市也是这样，比如北京。有人说北京这些年像一个进入了青春期的少年，个头迅速蹿升，但是跟其他一些城市相比，还不是生长最快的。那份天际线排名表明：重庆也超过了深圳和北京，是建筑高度攀升最快的城市，这真让人意外。但在熟悉那个城市的人眼里，这个地理区位特殊的地方，到处是山地，只能向高处寻找生长空间。所以生活在那里的人们把它的变化称作“造山”运动。在山地上继续用建筑“造山”，堪称站在山上的建筑，焉有不高之理？

下面是中国部分城市在建和已建成的最高建筑排名表：

这些建筑物的高度和密度，仅仅代表着城市化进程的指标和数

城市	项目	高度	单位
香港	环球贸易广场	484	米
上海	上海中心	632	米
广州	广州国际金融中心	437.5	米
重庆	重庆嘉陵帆影	456.5	米
深圳	深圳京基金融中心	439	米
北京	北京国贸三期	330	米
澳门	澳门新葡京酒店	258	米
南京	南京绿地广场紫峰大厦	450	米
天津	天津中国117大厦	600	米
大连	大连中心·裕景A栋	403.9	米

据吗?

被国务院批准设立的天津滨海新区，已经穿起了摩天大楼制作的外衣，首批十几座摩天大楼仿佛是喝饱雨水的庄稼一样，在平缓的大地上一夜生长，郁郁葱葱。按照规划发展，这个由美国、日本等国外设计公司大手笔绘制的滨海新区，将以鳞次栉比的高楼大厦建筑为代表，成为直追上海浦东和纽约曼哈顿的国际新区。

许多人通过滨海新区看到了天津维护大城地位的信心。天津在20世纪曾经引领中国的轻工业，跟上海比肩而立，各领风骚。但是随着以深圳为代表的新生代城市的崛起，以及上海也随着浦东新区的建成夯实了国际化大都会的基础，天津似乎成为一个被人遗忘的城市，在数年间寂静无声，城市面貌的变化也没有多少可圈可点之处，远远不及广州，甚至不及比它晚很多年才进入直辖市阵营的重庆。

民间分析人士认为，这种客观的现状会刺激天津。因为地缘政治的原因，天津不可能在短时间内超越上海和北京，但是它不会任由深圳、广州或者重庆把自己甩得更远，所以城市之间的比拼是在所难免的。在这个过程中，能给城市面貌带来最直观的改变的，就是拔地而起的各式建筑。而国务院对天津建设滨海新区的批复，刚好可以成为强大的推动力，把天津推上“建筑海拔最高”的城市舞台。可以预见的是，过不了多久，傍水而建的滨海新区就会被更加多样的建筑包围。用香港文化人士李照兴的话说，它们构筑的繁复延展的天际线，像是一幅幅动画，清晰地映衬出这个区域城市化发展和演化的诗篇。

从中国的城市中寻找出来的几个代表性城市，如果从城市现代化和建筑的角度来说，它们或许可以被归纳为酷性的代表。但是，建筑物的高度并不代表城市的前卫和时尚，就像国内生产总值（GDP）的指标不能代表城市真正的宜居程度一样。在代表着建筑高度的城市排名背后，我们期待看到它融合的幸福指数、悠闲指数等城市评价综合指标，它们包括街道、建筑、文化、消费、物价水平、教育、医疗和生活方式等与民众切身相关的元素。

深圳：中国城市的引擎

中国的城市化进程，是随着市场的开放逐渐推进的，先从沿海开始，深圳是受益最早的一个城市，也是最典型的一个。短短30年，它像一个不知疲倦的画师，在圈定的画布上大笔挥洒，完成了让人惊叹的关于建筑和高楼大厦的描绘，只是画布上再也没有可以利用的空间，然后它发现自己还需要更大的画布来描绘关于城市的场景。于是它恳求掌握土地资源的部门允许它把周边的乡村土地统统圈了进来，成为全部开发区的样本。

当然，与香港毗邻的广州也是现代化程度颇高的一个城市。我曾在香港地图收藏家谭兆璋先生的收藏室里，见到过一张美国军方在20世纪四五十年代绘制的广州地图，第一眼就知道，它绝对不同于城市导游图和地形图那么简单，小到一个村庄、一条内河都标注得清清楚楚，在今天国内出版的小比例尺的地图上，是根本看不到的。不过拿这张图来对照今天的城市布局，那上面的很多村庄和地名也都找不到了，半个多世纪以来的飞速发展，已经让那张地图上标注的建筑和街道变得面目全非。

这就是中国城市的发展速度，快到可以在很短的时间内，把任何精细的图像都变成历史记录。不过与深圳相比，广州还不算是改变最快的城市。深圳称得上是一座年轻的城市，它的生长过程可以用脱胎换骨来形容。深圳的城市化意味着效率和速度，它从南海边一个小小的渔村一跃成为今天的大城市，用了不到三十年的时间。尽管从经济总量来说，昔日的深圳速度已经算不上超前的，但是，在它三十而立的庆典之前，它依然以“全面特区化”的大气姿态向世人宣布，所谓城市化，就是席卷一切的建设。

短短30年，这里就完成了从无到有的开发。而在1982年，在深圳城市建设刚刚起步的时候，甚至连一家大的工程公司都没有。

彼时的深圳到处都是农田和水塘，许多施工队的工棚就搭在池塘或农田边上，夜里可以听着各种各样的虫鸣和蛙声入睡。可是一年之后，这片土地上矗立起第一座高层建筑——16层的电子大厦，这是当时在全中国都难得一见的高度。值得一提的还有代表着深圳速度的国贸大厦（53层）。这栋楼是以3天建造一层的速度竖立起来的，它是20世纪80年代中期深圳的标志性建筑物。

就是这栋高楼，曾经在数年的时间里成为其他城市竞相参照的标准，它代表着中国城市化进程跨出的第一步，封闭很久的人们迫切希望用这种外表最光鲜的建筑改变以往的破旧和衰败。而对于用“摸着石头过河”的方法来构筑城市形象的深圳来说，在空地上按照规划建造起这些气派的高楼建筑，无疑是在空白的画布上勾勒出了现代化的雏形。

没有参照物，也没有任何一个城市经验是可以借鉴的，那时候全国只有一个等待回归祖国的香港，已经在深圳对面矗立起无数的高楼大厦。在不断地学习和揣摩中，空旷的土地上开始不停地生长高楼，大片的土地成为工厂的生产车间。据统计，从20世纪70年代末到80年代中期，深圳一共诞生了100多幢高楼，很多建筑外观上还带有浓厚的香港味道，它们不仅带来了视觉上的冲击，也给内地一些城市提供了强烈的发展动力。

其中最容易为其他城市追随和仿效的，是用地产拉动城市建设。在1981年之前，中国的土地一直由国家统一分配给单位无偿使用。

而这之后，是深圳首先开始对部分土地使用征收费用。并且在1987年9月和12月，分别以协商议标形式、招标形式和拍卖形式出让了三块国有土地使用权。第二年，上海也开始仿效深圳，采用国际招标的方式出让土地。后来，有偿买地、卖地、盖房、卖房成为城市建设的重要一环。即便是今天，中国内地城市的发展依然沿袭这样的模式。这种以建筑为主要特征的城市化模式在很短的时间内给城市面貌带来了巨大的改变，也为今后的城市化道路埋下了弊端。

作为城市先驱的深圳也在所难免。作为中国国内最早的建筑试验场，深圳在改造旧的建筑面貌的同时，也首创了一些新颖的建筑形式，比如华强商业圈出现了用8米高的石英钟取代方形屋顶的造型。但是在这个过程中，很多老旧的东西也开始消失，比如最有岭南建筑特点的斗拱屋檐。还有出现在深圳地铁站中的老街，那里曾经是著名的老街，但是现在，这里成了繁华的商业中心，记忆里沉淀的除了名字，其他已经被城市里出现的崭新的东西取代了。

那时候没有人意识到，或者没有人冷静地思考关于一切古老东西和新式建筑的融合问题。直到新的流动人口固定下来，成为深圳市的常住人口之后，建筑和城市面貌才开始向着更多元化的模式发展，从最初的模仿和借鉴到标新立异，从最初的高度再到新的高度，最终成为全球建筑物高度和密度最集中的城市之一。

作为城市最早的践行者，深圳始终保持着某些别的城市无法超越的优势。人们经常说，深圳就像一张白纸，在最短的时间里绘出了奇迹，而且丝毫也不拖泥带水。它的效率有着极佳的口碑，比如深圳标志性的地王大厦，在建造时曾经创造了“九天四层楼”的“新深圳速度”，而且在它施工的两年时间内，附近的马路到了早上总是干干净净的，人们从来没有感到过脏乱和喧嚣。

在深圳特区成立三十周年的庆典上，中共中央总书记、国家主席、中央军委主席胡锦涛也对这个城市表示了充分肯定，认为它

“创造了世界工业化、城市化、现代化建设的奇迹”。

特区全面扩展，或许就是中国高层领导对这个代表着中国城市未来的特殊区域寄托的更高的期望。无论何时，那些在改革之初作为窗口和示范城市来建设的地方，还是要继续坚守在探索和发展的前列。

不过对深圳施政者来说，他们所面临的，将会是关于城市化的最大的考验。在原本设置为关外和关内的地方，还自然地保留着二元结构的城乡模式在城市基建、配套设施等方面造成的差别。即使当它们之间的区别开始从名义上取消之后，还需要相当长的时间来实现水资源、交通、生活等方面的真正同城，并考虑到城市空间结构优化、公共设施均等化等诸多问题。

但是不管怎么说，这就是中国城市发展的方向：让所有的城乡都向着一体化发展，让所有的市民都在城市化进程中受益。

上海：建筑引领着风情流变

CHENG SHI BEI JING XIAN

走过那么多城市，我一直以为，上海是最不应该改变的城市。

在这个开埠160多年的城市里，城市建筑身上承袭的历史文脉和建筑文化光泽都非常鲜明。稍微一动，就会损害它肌体里清晰的纹路。但是，仍旧有大片大片的老弄堂和石库门在大刀阔斧的旧城改造中不断消失。

那些古老的建筑，通体充盈的不仅是历史，还张扬着小资文化的优雅。在台风过后的日子里，这里的空气和天空，是一种属于梦幻色彩的湛蓝和纯净。它们轻柔地掠过那些优雅的建筑，让人觉得清新、浸润，而又坦坦荡荡。这个时候，直插云霄的建筑物的布局和风格是透亮的。质朴里透出雅致，参差中和谐统一，连线条和楼廊的结构都各具神韵。有时就连那些灰黑色的铁栅栏、以及文静伫立的街角都印刻着十里洋场独有的特质。绿树的柔和与光艳映衬着它们，浅浅地流露出华贵和雍容，让人不由自主地想亲近。

记得几年前我在上海生活的时候，最初的几个月总会手持硕大的地图，按图索骥地去对照，寻找那些纵横交织的街巷里隐藏的历史。给我印象最深的是，在街口或者某处不起眼的弄堂深处，冷不丁的，就是一座熟悉的历史人物的故居，墙上只有一块简陋的铭牌，建筑则是完全被绿树青藤掩映的西式小楼。窗色和门栏也都是旧的，落漆斑驳，隐约从幽暗狭长的窗子里传出叮咚的琴声，仿佛是一堂

20 世纪 30 年代的旧课，隔了遥远的现代文明，仍在从容地延续……

有一天逛得累了，我坐在淮海路、襄阳路和东湖路交汇处的襄阳公园一角，慢慢喝着红茶，东张西望。马路上照旧是车水马龙的样子，逼仄的楼宇中间飘扬着很多广告牌。几个背大旅行包的人，分别占据了襄阳公园人行步道两旁的躺椅，在树荫下昏恹恹地睡着，一群外国留学生举着白色的遮阳帽大声招呼同伴，推着老人的子女慢慢走进来又踅出去，汇入熙熙攘攘的街巷广场，有的悠闲，有的从容，有的急促和匆忙……我觉得这就是真实的城市，因为它有很多温柔的细节。

让人记忆深刻的还有上海的石库门房子，这是非常有特色的中国南方建筑样式，石库门房子是在上海开埠之初建立的，当时因为战乱，许多内地的有钱人躲进了租界。为了便于管理，租界在指定的地块上兴建了大批集体住宅，这些住房为立帖式结构，像兵营一样联立成行，并由行列组成网络，一排连着一排，中间形成庞大的弄堂，人可以在弄堂里面自如穿行，弄堂口处都装有大门，可以随时启闭。这种弄堂布局，是只有上海才有的中国民居建筑，而且石库门保持了中国传统民居即四合院的建筑模式，前有小门厅，中有小院子、东西两厢房，门口则是用条石砌成的门框，有两扇乌漆大门。门上方简洁的图案，具有欧洲古建筑装饰图案的风格。

石库门是大上海社会的一个缩影，至今还有很多上海市民住在里面，不过有些改造了卫浴系统，不用再每天早上拎着马桶去公共厕所里倒了。现在，石库门也是今天上海国际化的见证，作为一种历史建筑，除了居住功能的改进之外，它也在寻找和时代结合的契机。位于淮海中路南侧的上海新天地，就是由石库门建筑改造的。这里的建筑群保留了当年的砖墙、屋瓦、石库门，但是走进每座建筑的内部，各类时装店、主题餐厅、咖啡酒吧等让人眼花缭乱，它们追随着国际潮流，洋溢着中西混杂的风情，成为城市时尚流行文化的代表地域。

到了午夜，霓虹闪烁的新天地似乎才真正开始夜生活，人越聚越多，摩肩接踵。临街的星巴克咖啡，挤满了各种肤色的人群，橘黄色的灯光里，人们一边搅动咖啡，一边轻声细语地交谈，神态很是悠闲。

这种城市化营造或者塑造的文化特质，成为许多人追随上海的理由。全球500强企业中，超过一半选择在上海投资。国外甚至有金融机构预测，说上海在未来的岁月中，有可能成为继伦敦、纽约之后的全球第三大国际金融中心。另一方面，无论是城市新型建筑、时尚潮流还是文化资讯，上海都是跟世界同步的，对于旅居中国的西方人而言，几乎不会有文化交流上的陌生感。

上海的新型建筑，很多模仿了外滩建筑的气度。上海外滩矗立的几十幢欧洲风格的建筑，是黄浦江畔标志性的景观，它被人称为“从苏伊士运河到远东的白令海峡之间最讲究的建筑”。这些大厦有哥特式、巴洛克式、罗马式、中西合璧式等。在建筑设计上追随西方文明的建筑群，又跟现代气息有惊人的吻合，只不过上海后来的现代建筑，有些在形式上变得更加繁芜纷杂。就上海的现代建筑而言，也有不少成功的，比如上海大剧院，同北京的中国国家大剧院相比，上海大剧院是很成功的，它以人民广场为中心，与北部的市政大厦和东南部的上海博物馆呈十字形轴心线遥遥相对。夜里，内外通透的建筑像一座水晶宫殿，弧状的玻璃屋顶倒扣着，半透明的玻璃幕墙外垂直着暴露式的承载钢索。大面积的阶梯沿瀑布水帘逐级而下，面对广场，充满了韵味。

不过最能感受上海东西方文化交汇的特色和情调的地方，依然还是外滩的建筑群。尽管总有人戴着有色眼镜打量这些殖民时代的遗存，但是从它们今天还在彰显独特个性的外表，还有大楼设计者遵循的严谨的建造理念背后，还是能够找出很多可供我们的城市建设借鉴的东西。比如一些大楼的设计者，会在半个世纪之后的今天，千里迢迢从国外寄来当初设计建造大楼的图纸和资料，提醒使用者，某栋建筑已经接近设计使用的年限，应该进行怎样的维修。还有他们在设计建筑时遵循的和谐规则，也让人钦佩。比如在外滩建筑的高度上，最初的设计者遵循了一个基本的规律，那就是限定在 6 层左右，无论是汇丰银行、海关大楼，还是和平饭店、中国银行都不超过 6 层；建筑中间也有起承转合和高低过渡，像是事先规划好的，每隔数百米的距离就在限定的高度内来一个突起，形成富有韵律和节奏感的建筑群。事实上这些曾经归为不同国家的建筑是不可能事先统一规划的，但是人家为何自觉地遵循了美学的规则，而不像今天的大楼建造者那样咄咄逼人？

就是在这个城市，在这个原本美轮美奂的建筑群背后，如今突兀地穿插了多少刺眼的摩天大楼？而这些摩天大楼，有多少是可以跟之前的那些建筑相媲美的？

再比如作为城市街区新典范的浦东，尽管这个矗立在黄浦江东岸、与外滩相对而立的新城已经是外滩观景台上最奇幻的场景，但是仍有著名规划设计大师频繁指出它的弊端。北大教授俞孔坚形容浦东，说它像一个外科医生的医药箱，杂乱而突兀。

对岸的环球金融中心、金茂大厦、东方明珠，像是一个建筑师们比拼想象力的棋盘，充斥着竞争的氛围。在 2008 年 8 月，108 层的环球金融中心顺利封顶，取代金茂大厦成为上海第一高楼之后，浦东的高楼丛林又添新景。

但是从民众的视野来看，浦东是中国新城市建设的典型代表，无数游客喜欢那种白天高楼林立、夜间璀璨繁华以及穿梭来往的轮渡所营造出的繁华盛景。上海本地的居民，也羡慕发生在他们身边的这些改变。直到今天，随便跟上海的朋友谈起，那些居住在浦西的人依然会后悔当初的选择，羡慕那些有勇气在最初就选择前往浦东的居民。他们说是城市化改变了一切。城市建设的指挥棒落定浦东，那里就陆续生长出了从未有过的高大建筑。城市建设的指挥棒再向南一挥，那里就生长出了各式新颖的世博场馆。在他们看来，上海的变化实在是太快了，那些祖辈几代人生活在上海、出生在20世纪七八十年代的上海朋友告诉我，他们童年熟悉的玩耍场景很多都早已不存在了。他们只会在别人谩骂上海的时候，才会自然地反驳，以维护上海的尊严，除此之外，很多时间他们觉得自己仿佛生活在另一座截然不同的城市里。因为心中的老上海和新上海中间的过渡是那么脆弱不堪。如果硬说上海的轮廓，只有那条南京路，承载着几代中国人对上海这座城市的想象。

不过不管怎样，包括上海在内的那些最初开放的沿海城市和区域，已经完成了建筑形式上的布局，开始向着绿色、生态的目标，完善或者前进着。但是很多陆续跟上来的城市并没有从他们的发展中借鉴经验，依然是按照各自的套路，走着贪大求全的道路，等意识到自己完全可以摈弃那些过程，直接形成功能布局更为合理、科学和完善的城市规划时，已经走了弯路。

重庆：在山地之上“造山”的城市

CHENG SHI BEI JING XIAN

在中国的地理版图上，重庆是比较独特的一个点。长江和嘉陵江在这里交汇的时候，形成了一丘脊舌状半岛。整个重庆城就是依山傍水构筑的，所以城市里的建筑都是重叠错落，有的与山头平，有的路在楼顶上方。

我觉得重庆这点跟香港很相似，我到过香港地图收藏家谭兆璋先生的家，位于跑马场后面的山上，上山的坡度很大。但楼上是绝好的观景台，站在窗前和阳台上远眺，发现许多建筑都是见缝插针，绝不浪费。当然，香港也是受客观形势所迫，在人口不断增加的情况下，香港只能向高处寻求突破，所以在香港市区可以看到，从九龙沿东西两条地铁线上，出现了一簇簇高达云霄的高层住宅群。内地的城市中，或许只有重庆能够跟香港比高。所以 2008 年的城市天际线排名公布后，人们惊讶地发现，重庆的城市建筑的高度竟然在国内前几名的城市之内。就在这十来年间，重庆的摩天大楼变得鳞次栉比。据统计，截至 2008 年，重庆超过 90 米的摩天大楼有 367 栋，比拥有 345 栋摩天大楼的新加坡和芝加哥多出 20 余栋，也超过了迪拜，更是把首都北京远远地抛到了身后。

重庆单轨地铁图

因为高楼的崛起，重庆的山和城市几乎融合到了一起。这样的城市布局也让重庆成为独一无二的山景水城，反倒营造出许多缠绵的意味。

重庆市区内的道路陡峭，坡度也很大，那些建筑也是循着路线从下往上迂回，从高处看，无论是交通主线或者支线都依着山脊线蜿蜒曲折，穿行或者隐没在高楼之间，显出因地制宜的一面。但是这样的地形毕竟限制了城市公共交通的发展，所以从很多年前开始，重庆开始规划轨道交通。最早当可追溯到重庆做“陪都”的20世纪三四十年代和中华人民共和国成立后的五六十年代，重庆城的数次地铁施工都因历史原因中途夭折。当然，重庆复杂的地势也使地铁建造面临重重困难。

2005年，重庆开行了国内第一条单轨铁路，如今重庆的二号线和三号线都是单轨线。一般的火车都是在两根钢轨上运行，重庆的街上铺设的却是单轨铁路，这是一个很鲜见的场景。我觉得这显露出城市规划者的远见。在世界各城市中，很多地形复杂的城市采用过类似的单轨铁路来改善城市的交通，而且最长经过了百余年的实践。比如德国北莱茵—威斯特法伦州中部的城市伍伯塔尔，就是一座不折不扣的山城。莱茵河的支流伍珀河纵贯伍珀塔尔城全境。城市建筑位于伍珀河谷里，海拔100米~350米，市区有很多台地，道路也有很多陡坡。如果按照常规的筑路方案，不仅要拆迁大量房屋、破坏大量绿地，还会面临很大的技术难题，后来就有人想到顺着河谷，在狭窄的河道和湍急的水面上修路。最后采用了在伍珀河上半空中行驶“单轨吊车”的方案，就是在伍珀河上凌空高架构成双行线的两根单轨铁道，轨道梁沿着河道铺设，用一架架横跨在河上的、钢桁架结构的梯形棚支撑。钢轨固定在钢桁架结构的轨道梁下面，在车辆上方安装吊钩，吊钩上有钢轮，钢轮在单根钢轨上运行。1958年，科隆附近的佐林根试验成功一种跨座式单轨铁路，列车骑行在预应力钢筋混凝土轨道梁上方，车辆底部有充气的用于行走的橡胶轮胎，在车体两侧下垂部分还有导向轮和稳定轮，夹行于轨道两侧，以保证车辆沿轨道安全平稳地行驶。重庆的单轨铁路就是采用了这样的方式。山城重庆有3000万人口，城市依山而建，道路狭窄，拓宽不易，而这种轨道梁高架在混凝土墩柱上，占地面积小，且不受其他交通工具干扰。2005年6月，采用“跨座式单轨交通系统”技术的重庆市轨道交通二号线建成通车。在一些特大城市忍受交通拥堵和汽车尾气污染的问题折磨的时候，中国许多城市需要这种改变。

也许正是因为交通的根本改善，重庆人觉得应该改变一下这个城市的概念。重庆的主城和副中心尽管都坐落在山上，但除了被长江和嘉陵江环抱外，境内更是江河纵横，所以重庆利用这种优势提出了“第一江城”的概念并倾力打造沿江公路和景观带，2006年5月，在宜昌、武汉、哈尔滨、南京等全国十多个城市争夺的情况下，“第一江城”名头花落重庆。滨江景观带也带动了附近住宅的销售，在嘉陵江边出现了更多连绵的楼宇，许多人可以在自家阳台上看到新修的轻轨新桥和嘉陵江大桥。

当然，重庆也有自己的中央商务区，位于重庆最热闹的解放碑广场附近。以解放碑为中心辐射出了四条繁华的商业街。每天人来人往，犹如海底鱼群，在摩天大楼的海洋里，穿梭往来，嬉戏打闹。这里展现的可能是重庆最香艳、最热烈的一面——摩天大楼、商业中心和时尚美女共同构成一幅现代化的城市场景。自1997年重庆成为直辖市以及2007年设立成渝城乡统筹综合配套改革试验区以来，重庆在城市现代化的道路上的势头甚至超过了成都。

数不清的高楼和高低起伏的山坡也给重庆的建筑带来了观景的优势，很多楼盘和住宅以及公园制高点都是最佳的观景台，夜晚人在高处放眼四顾，从朝天门到解放碑、枇杷山、鹅岭，再到虎头岩和华岩，万家灯火连成一片，像一片海洋。在脚下奔腾的长江和嘉陵江中，也是灯火点缀，那些建造在斜坡和盘山道旁的建筑，高低错落，层层叠叠，在璀璨的灯火中变幻着色彩，营造出一个性格激荡而又连绵起伏的城市氛围。

银川：谁的湖泊跟这个城市一样多？

CHENG SHI BEI JING XIAN

贺兰山下的银川，想象中应该是一座地处西北的干燥之城，可是每一个到过那里的人，恐怕都会为那一片片迷人的湖泊湿地和悠闲的水乡风光所打动。历史上不断改道的黄河，为银川留下了众多的湖泊湿地，在近几十年的围湖造田以及城市建设中，它们的数量曾经不断锐减，如今，从黄河灌区逶迤而来的一条条水渠再次将市区大大小小的湖泊湿地重新连通，使整个银川再现湖光山影。

我觉得这是银川地方政府在城市化中所做的一件最有意义的事情。银川的水给初次到达这个地方的人带来的第一感受，肯定都是极度的惊讶。那天出银川河东机场不远，通往市区的银古高速公路两旁就出现了大片连绵不绝的水域，中间芦苇连缀，碧波荡漾，间或有一些鸟儿在水草丛中展翅飞翔。这就是著名的鸣翠湖国家湿地公园。湿地一直延续到银川市区，同水渠和景观河道连接在一起，构成烟波浩渺的广袤水景，湖畔还不时可见三三两两的垂钓人。

来到中国西北，却立刻置身于这江南水乡般的场景之中，这是我无论如何没有想到的。更没想到的是，这个东、北和西南都有沙漠盘踞、年降水量只有200毫米，蒸发量却达到1600毫米的地方，历史上竟然还是一个“被水包围的城市”。听银川湿地管理办公室的人说，城区分布的那些湖泊，就是古黄河和古渠道留下的。

我在宁夏水利厅翻阅了大量的古水利地图，其中1935年的宁夏全省渠流一览图显示，在黄河故道迁流的地方，分布着许多湖泊湿地。总纂了《银川市志》的宁夏文史馆馆员、银川市社会科学界联合会副主席贺吉德先生跟我聊天时说，“从整个银川平原看，在弯月形的贺兰山东麓，引黄灌溉的渠道沟沟汊汊的，星罗棋布，周围有很多湖泊。从西往东分别是西干渠、唐徕渠、汉延渠、惠农渠，它们形成了竖琴型的渠网，另外纵向还有5条排水沟，从西到东排列，使废水和灌溉回水能通过排水沟注入黄河。这样纵横交错的沟渠，把银川城区周边的湖泊湿地串了起来，构成网格状的水系，成就了银川‘水抱城’的荣耀”。

水利灌溉渠道对银川湖泊的形成可以说功不可没。在所有的城市中，银川是一个少有的还保留着古老灌溉渠道的地方，因为古代人工灌溉系统排水功能不完善，下暴雨、洪水暴发时往往渠道泛滥成灾，导致渠间低洼地带形成不少积水湖泊。在一份1935年出版的古水利地图上，我留意到唐徕渠和汉延渠之间的确分布着很多这样大大小小的湖泊。按照河道迁流的距离和古渠道容易被漫灌的情形推算，所形成的湖泊和湿地总数应该远远多于历史记载的72个。到新中国建立初期，银川市建成区还有四分之一被水覆盖着。今天银川市北京路所在的地方，四五十年前还有城墙，城墙外有水，人们去北塔烧香拜佛，需要坐船前往。

新中国成立之后的移民和近些年大踏步的城市改造，给这个城市迅速带来了改变。从1949年至今，银川的人口已从建国初的不足3万人增加到了133万，区划面积也从4.5平方公里发展到现在的9579平方公里。移民们屯田围垦，许多天然的湖泊被填平了。居住在银川的老移民说，原来站在贺兰山附近的滚钟口的笔架峰上，那个俗称小口子的地方，能看到东边的黄河，还有城郊的湖泊，星星点点的，在阳光下闪耀。20世纪50年代，银川城内外还有银湖、宝湖、西湖、湖滨湖等众多湖泊。城内西北边的银湖面积很大，呈带状分布。湖水由流经唐徕渠的水不断补充，湖面从西到东一直延伸到城内老银川二中的后墙外，因此老银川二中以北的一条湖边土路便被命名为湖滨巷，巷道两侧，南边是民房，北边是湖。自20世纪80年代初填湖盖房后，马路拓宽，湖滨巷才更名为湖滨街。以前，每年端午节，人们总爱到银湖采摘宽大的芦苇叶，用来包粽子。不过现在这一段银湖早已消失，取而代之的是一片叫做湖滨小区的现代居住区。

银川湖泊变化最大的时期，主要在20世纪六七十年代，很多湖泊被改造成渔场。到了90年代，城市建设加快，又填平了一些湖泊。还有一些大湖在不断萎缩，变成了小湖。如今上了年纪的人，都曾经在六七十年代参加过填湖劳动。为了填湖，把城墙拆了。当时在唐徕渠西边，是大片湖泊，银川市区到新城区（现在叫金凤区）的路（现在叫长城路）两旁全是湖泊。全城的机关干部、居民、学生参加填湖劳动，持续了好几年，银川城区的湖泊由此锐减。

到了20世纪80年代，很多人开始怀念那个“落霞与孤鹜齐飞，秋水共长天一色”的“塞北湖城”胜景。从1999年开始，银川提出恢复湿地的规划，2002年，又正式提出建设“塞上湖城”。随后，通过疏浚、恢复的阅海、鸣翠湖国家湿地公园、宝湖湿地公园和景观水道艾伊河等相继落成。据了解，银川现在有大小湖泊近200处，仅城市控制区域内比较大的湖泊就有20多处。在银川城区，市民处处垂钓已经成为可能。

在诸水包围的城区之内，银川也在沿袭很多城市的做法，把大大小小的巷道全部换成水泥砖的铺装，尽管有不少人对这种把老城区全部取代的做法表示了质疑。但是毕竟水城带来的清新感觉更真实，它们掩盖了城市建设中的杂音，让一些建设看起来是在向老百姓心中的宜居城市靠近。

成都：可以安身立命的地方

CHENG SHI BEI JING XIAN

在中国所有的城市里，成都的风雅和悠闲是很多城市无法企及的。一个在成都的朋友去上海工作了一年之后，再也无法忍受对成都生活的渴望，最终辞职回到了故里。

如果从成都城市建筑审美的角度来看，这个安卧在成都平原上的古城并没有什么特别之处。知名媒体人曾静曾经在《西南双城较劲，重庆又一次超过了成都》的文章中这样解读道，“成都自古为蜀都，但其古代城市文明不如帝王之都北京、西安那么强大浩瀚；其近现代城市文明又不如港口大都市上海、广州般充分受到国际资本与商业文明等刺激；及至改革开放，这个城市没有得到如珠三角、长三角流域与环渤海地区城市的大力发展。因此从城市化进程来说，成都没有机会、或者说没必要成为一个典型的权力或者资本驱动型国际大都市样本”。

所以，成都不像山地城市或者滨海城市那样，拥有外形怪异的摩天大楼，以及棱角分明的天际线，很难一下子从观感上征服外来者。成都甚至连超高的大楼都很少，2009 年，《中国国家地理》杂志编辑马宏杰想请成都的摄影师拍一些表现城市高层住宅人家的片子，摄影师费了很大的劲才找到 30 层以上，身处 90 米高空住宅的人家。

但是这个对休闲文化有着深层领悟的城市，却把悠闲意味儿发挥得淋漓尽致。在很多新老交替的城市建筑之间，在巷弄和街边、广场和茶馆，经常会发现一大早就摆起成片的麻将桌，神情闲散的居民一边喝茶打麻将，一边大摆龙门阵。有时候遇到下雨，居民就在屋檐下临时支撑的油伞下小饮。

我记得《中国国家地理》杂志在2008年评选新天府的时候，曾经刊发过一张拍摄成都人打麻将的照片，在成都近郊的一个古镇，河道清澈流淌，数百张麻将桌和椅子就摆放在没不过膝盖的水里，黑压压的人群打麻将打得不亦乐乎。不仅让人震撼，更让人觉得，这种生活方式真是登峰造极。独特的巴蜀文化和缓慢悠闲的都市生活节奏，真的没有任何一个城市可及。

而且这种味道，在成都的街头巷尾都能感受到。成都有很多值得一去的小巷，有些是近几年才整修的，比如锦里风情街、包家巷、青龙巷、烟袋巷，以及平乐、西平古镇等地方。

在街头慢悠悠地晃过，老成都的味道马上出来了。单看那些地名就不一样，比如重庆的建筑是依山势建造的，街名也跟地形地貌有关，如七星岗、观音岩、十八梯、石板坡什么的，而成都的街道名称，跟古代的行政划分有关，如盐市口、半仙街、浆洗街、小天竺街、骡马市、琴台路等。成都的古代城市的味道很浓。这个地方在秦汉时期，就是全国有名的商业城市。《新唐书·地理志》中记载，唐天宝元年，成都有16万余户市民，仅次于长安、洛阳，为全国第三大城市。

据记载，在20世纪30年代，不到60万人口的成都就有599家茶馆，每天茶客达12万人。现在，成都酒吧在全国闻名，宽窄巷子到小酒馆，从静吧到爵士、芭芭露莎风格酒吧，大大小小有1000多家。尤其是上面提到的街巷，更是遍布茶坊、客栈、酒楼、戏台，各色小吃店和工艺品店各有特色。

成都普通的街巷，尽管没有那么热闹，却也充满了浓郁的生活气息。巷口的老人要么在树下遛鸟，要么扎堆打麻将，游客逛到这里，完全可以围观一会儿，打麻将的老头老太自顾埋头出牌。停留的工夫，不时就有衣着光鲜的美女走过，这个城市得天独厚的地理条件造就了女孩白皙的皮肤和娇小的身材，美女和美食一样，也是成都最能打动人的温情细节。

这个城市的民风闲散而无拘束，这个城市的生活优雅而充满诱惑。“现代成都更像一位讲究内涵的女性，美丑都藏着、掖着，非要花上三四个月时间，这个城市爱玩、会玩、懂生活的魅力才慢慢浮现出来。”许多在成都逗留的游客，本来是随便转转感受一下氛围，却往往因为这些让人心动的特质，而长久地留了下来。

第四部分

迷惘的中国：改变的结果不应该是失去

被那些表面的光鲜牵着鼻子走。

言，没有思想，则缺乏判断，没有主见，则陷入被动，容易

城市的衍变和成长也是有规律的，对于规划和开发者而

开发区建筑的怅惘

CHENG SHI BEI JING XIAN

在中国，各省份的发展，是要用 GDP 说话的。

国家统计局每年都要用 GDP 给各省排座次，有时国家有一个总体发展目标，比如要把经济增长率保持在 8%，那么任务就会被分解到各省，各省也用 GDP 给各县分解，排出座次。中央政府对于经济发展的要求，通常会被地方政府简单地解读成单一的数字，各县在这个指挥棒下不顾自身情况，大搞开发区，拼命招商引资，带来了环境污染等问题。

开发区是城市化进程中最值得关注的问题，它决定着未来的城市化是否有可持续性，既是一种资源的可持续性，又是一种城市化的驱动力。

中国最早的开发区出现在 1979 年 7 月 15 日，中共中央、国务院发出文件，允许先在深圳、珠海两地试办“出口特区”，次年的 3 月 24 日，汕头和厦门也被正式列入特区阵营，名字统一定为经济特区。4 年之后，宁波、温州、大连、天津等 14 个沿海港口城市纷纷设立经济技术开发区。

1980 年 8 月 26 日，全国人大审议通过了《特区条例》，据悉，这是自新中国成立以来的第一部由全国人大审议通过的地方法规。这不寻常的会议引起了国外媒体的关注，他们把中国的这些变革称为“铁幕开启”。

这些经济特区和开放城市凭借着政策上的倾斜，很快成为吸收国内外资金和技术的平台，在短短的十余年间迅速脱胎换骨。

借助开发区的政策，中国几乎所有的城市都搞起了经济技术开发区或高新技术开发区，各类开发区一夜之间四处开花，但有多少地方因开发区受益，就很难说了。

郑州最早的高新技术开发区在20世纪90年代出现在城市的西北角，过了著名的“郑州水缸”西流湖还要走上数公里。那时候郑州的框架还没拉大，郑州还没确定向东区发展的战略。开发区接纳化工、制药等企业入驻，但是人气始终没能炒起来，配套的住宅当时每平方米售价不足一千元，但街头照旧是冷冷清清，因为离主城区还有十几公里，开往城区的公交车也很少，所以几乎很少有人走动。白天街道也是冷冷清清的，偶尔会在街头看到一两个清洁工。

就在距西流湖不远的地方，是经济开发区建的欧式建筑一条街，几十栋风格各异的别墅，一街两行，共20多幢别墅，每一幢的风格布局都不一样，有哥特式、西班牙、希腊等风格。房子建成之初吸引了很多人的眼球，媒体也纷纷宣传这个城市崭新的风景。

在这样的情况下，一些饭店和娱乐场所选择入驻，但是好景不长，他们发现几乎没有生意，苦撑一段时间之后就关门大吉了。20世纪90年代末，这些建筑渐渐变得衰败不堪，我有次路过那里，看到墙皮已经剥落，大多数别墅的铝合金门窗已经被人拆掉，露出空荡荡的墙壁，走近了看，有些屋子竟然成了行人方便的地方，看着让人心痛。

在发展的大旗下编织梦想

开而不发的现象在很多地方都存在：有些地方土地一占几年，

任由荒草疯长，常常有群众投诉说，当地以发展经济的名义占了他们的地，补偿却不高，但是几年过去了，占的地还在那里没有动静，群众早已花光了补偿，又没有地可种，心里便不由得着急起来，所以出现了上访问题。

20 世纪 90 年代后期，我在内陆一些城市采访的时候，遇到过不少这样的情况。很多开发区开而不发，成为圈在围墙中的荒地。南方一些经济发达的省份略微好些，但也存在不少问题。

2000 年～2005 年，我走遍了整个长三角区域的十几个城市，发现每个城市几乎都有数个大大小小的经济开发区，有些开发区只是一个街道名称，仅用来招商引资，给那些公司注册提供一个地址而已，所以导致很多开发区虚有其名，比如我在上海的南汇镇就遇到过这样的情况，委托一家代理公司注册公司，就能算成该开发区的入驻公司，至于经营情况如何，人家是不过问的。

开发区的政策相对宽松，当时似乎没有人意识到土地的稀缺性问题。很多城市决策者甚至都没有来得及做详细调研规划，就先立一个项目，然后动用行政手段把地一占，再考虑招商引资的事情。

据国家有关部门统计，最高峰时期，全国各类开发区规划圈占的土地达到数万平方公里，相当于一个大省的面积，但开发了没有呢？没有，大都荒废闲置。另一方面，中国的耕地却在锐减，粮食生产也大幅减产，粮食储备一度下降到 20 世纪 70 年代的水平。到了 2003 年，中国政府终于意识到问题的严重性，遂于当年 7 月 18 日通过国务院办公厅下发了《关于暂停审批各类开发区的紧急通知》，8 月，国务院办公厅又发出了《关于清理整顿各类开发区 加强建设用地管理的通知》。原建设部紧随其后，在当年 9 月发出通知，要求各地对建设规划清理整顿，矛头直指那些未经国务院和省级政府批准擅自设立的各类开发区，还有那些虽经省级政府批准但是未报国务院备案的各类开发区。国土资源部随后也联合其他部委在当年的12月份出台了清理整顿开发区的标准，把瞒报、漏报和那些突击审批及突击设立的开发区都囊括在内。

有人说这是一场针对开发区的整顿风暴，但是效果如何呢？2004年底，官方发布消息说，清理整顿开发区初见成效，收回闲置土地百余平方公里。

失衡的土地

这是一个尴尬的事实，一方面要地方政府清理开发区，另一方面清理参照的标准，是依据地方制定的《城市总体规划》和《土地利用总体规划》，无疑是让违规者自己查自己，效果当然可想而知。如果留意一下，那些开发数年，入驻的企业很少和开发面积达不到批准规划面积20%的开发区，以及严重污染环境、破坏生态平衡的开发区在一些地方还存在着。

当然，在开发区土地的利用上，沿海和内地面临不同的情况，需要区别对待。

在中国沿海地区，工业对土地的需求比较高，土地增值和发展潜力大，而在内陆地区由于地理位置、经济环境和综合配套情况不理想，造成大量土地闲置，资源浪费，没有像预期那样吸引外资。这样一来，就形成了沿海土地供不应求，内陆供大于求的状况，发展很不均衡。有专家说，国家整顿的政策是及时的，但关键要加强规模管理和质量管理。国家把土地管理的重心上移，势必会造成上面管理的层面太宽，调查和掌握情况有限，如果直接批，最后还是要依赖下面反馈情况，这影响管理效率。由于上级土地管理部门对下级土地使用情况不了解，容易造成知情者无权管，有权管者不知情。

土地管理部门还应该注意到，开发区在占地过程中还存在涉地农民的补偿标准太低的问题，1998 年版的《土地管理法》，是根据征用土地的原用途作为补偿标准，而没有依据市场土地的基准价来确定补偿数额。而原用途主要是农村承包土地用于小农经济生产，产生的效益很低。在这种情况下，土地价位出现了城乡之间的剪刀差，造成一级土地市场获利的法人在二级市场抛售，低价购入、高价抛售的状况很普遍，农民的利益被双倍剥夺。

其实这个问题地方政府也意识到了，但是因为这种以占地方式建设城市的成本低，所以，被有意无意地忽略了。整顿是必须进行的，但不能一刀切，不能抓一头放一头，平衡发展才是根本。

中国城市规划学会秘书长石楠在接受采访时曾说，设立开发区是政府调动资源的一种方法。改革开放初期，资金、技术、资源都十分有限，国家就利用有限的资源，集中在一定的地域范围之内，让它尽快地发挥成效。初期效果是非常好的，但多了滥了之后效果就不明显了。而中国经济体制改革研究会副会长石小敏认为，现在开发区最大的问题就是土地问题。开发区实际上就是在做土地的文章，靠土地赚钱。这就违背了国家设立开发区的政策初衷，使开发区变了味。实际上，我们不应放弃引进规则，调整产业结构，提高产品附加值，增加更多就业机会等一系列有益做法。

同时，开发区过于强调封闭管理的做法给政府的城市规划带来了困难。从城市规划的角度看，开发区无论是什么类型，从空间上来说都是城市的一部分。现在却人为地把它割裂开来，过于强调它的独立性。还有些地方政府把开发区的管理权下放，或者自己兼任开发区的领导，游离于城市管理之外，这就存在很大漏洞，在实践中引发了很多问题。

另类的开发：大学城

CHENG SHI BEI JING XIAN

中国城市化不得不面对的另外一个尴尬局面，就是大学城问题。大学城建设开始于20世纪90年代末，是伴随着高校合并和高校扩招的大潮而诞生的。最早为媒体瞩目的是河北廊坊的东方大学城，其后，上海的松江大学城、北京昌平大学城相继建起，大约两年时间，中国规划建设的大学城就达到50多座，圈地、盖楼，处处都是大手笔，大学城的建筑基本上都是集教学、科研、行政、后勤、医院为一体，各种综合服务设施也是一应俱全。不用说，这些大学城占的土地面积也十分惊人。根据媒体公布的数据，廊坊东方大学城占地6.7平方公里，湖南岳麓山大学城占地44平方公里，河南郑州大学城和湖北黄家湖大学城都是50平方公里。已开工的“广州大学城”一期工程占地17平方公里，二期规划43平方公里；南京仙林大学城规划面积则高达70平方公里……

郑州在建的还有位于郑东新区的龙子湖高校园区，规划面积约22平方公里，湖面伸入各大学校区，湖中有近两千亩的湖心岛，岛上规划了图书馆、体育场等公共设施。截至2007年底，郑州航空工业管理学院、河南中医学院、河南教育学院、河南广播电视大学、华北水利水电学院、郑州广播电视大学、河南职业技术学院等七所高校的新校区已投入使用，累计完成投资20.94亿元，入住师生达6万人。

大学城在中国的迅速崛起，刚好借助了城市化加速的契机。但是跟风而上，盲目规划、创建的大学城，处境却十分尴尬。

首先它是一种行政意识决定的。记得20世纪90年代末期我就读的大学迁入城市西北角荒芜得只有一栋栋建筑的地方时，我觉得莫名其妙。

老校园在市区，校园里有着树龄几十年的法桐树，密密匝匝的，充满了生机。校园南门依托学校生长起来的文化和消费场所遍地开花。搬到所谓大学城里的学生，抱怨进一次城都很难，而且也没有他们需要的丰富的商品，进入大学城经过规划的商店，一律价格偏高。更让我纳闷的是，清空的老校园，从南到北，从东到西，方圆数十平方公里的地段，就那么空置了下来。

为了适应大学城的需要，许多原本独立存在的高校，匆匆地被合并，我私底下不止一次地听到很多高校老师的抱怨。原来响亮的名头消失了，很多人在老学校熬到的资历和级别，也突然被打乱了。

新校区是一个上班的地方，老师们班车来班车去，没有人会在深夜停留在办公室里，没有人会在没课的时候选择多跟学生在一起聊天。一切都很程序化，很多温馨的细节消失了。

时至今日，这种存在于大学城身上的错位，还让不少师生耿耿于怀。

北京：故城渐远

CHENG SHI BEI JING XIAN

2010年4月，著名美术家王明贤在北京798艺术区举办了一场展览，这是一个把绘画艺术跟现代建筑结合的场景展示，画面上历史和今天遭遇，荒诞和现实共存，在那些看似不经意的拼接里，传递出他推广中国实验建筑的宣言：作为致力于国际化大都市建设的首都，北京现在什么建筑形式都可以接纳，从国家大剧院到央视新楼，看起来都是世界上最前卫的建筑。

如果一个人既熟知历史和老北京城，又熟知这种新的建筑形式，那么他的反应一定是：北京的这种变化着实太大了。是啊，北京的变化不可谓不大，但是它又失去了多少东西呢？

平民的北京已经淹没在现代建筑中

作为明清两代的京都和最大的城市，北京有着浓郁的中国风格，这里不仅有红墙碧瓦、宫阙楼台，也有古老的城市小巷和传统的院落生活。其中四合院和胡同被认为是真正的京味文化所在。在北京紫禁城周围，原来有着几千条胡同，大部分形成于中国历史上的元、明、清三个朝代。它们是了解北京传统文化和风土人情的绝好途径，但是现在呢？在大规模的拆建与重建之中，北京的一个个牌楼、一座座四合院、一条条胡同相继消失，古都风貌日见消减。而在它们消亡的地方，陆续有一些新生的现代建筑出现。

看惯了这种兴衰沉浮之后，无数人心痛得已经麻木，但是面对诚恳的探询，他们还是会认真地表达心中的意愿："北京是一座已有三千年建城史、八百多年建都史的古城。如果大家不积极参与保护，很可能就会造成历史的遗憾。"

我还记得在清华大学跟八十多岁的陈志华老师畅谈的情形。那天早上他刚刚看到一则新闻，说是有关部门要在长城脚下盖旅游度假村。老先生反复问我，你说这是在保护吗？他对这种借助历史资源攫取利益的做法深感忧虑。

但事实上这种借古耀今的事情又是很难避免的。记得有一个设计师跟我形容北京，说这是一个在古代和现代之间挣扎的城市。它不敢彻底抛弃传统，因为这是成为世界城市的仰仗。需要的时候，拉出来说说，说明这个建筑具有几代皇家血统，又是如何地沿袭着旧时皇家建筑的气派，但是这些古老而传统的历史风貌，其实很多已经在迅猛的城市发展中受到了伤害。

许多为取代它们而建立起来的建筑，有些看起来的确毫无意义，尽管它们会让这个越来越国际化的都市充满动感。另外，毁灭古建筑的代价也是很沉重的，比如在北京一些城区，你能体验到那种古朴和清幽吗？北京的城市建设像井字形结构，人被深置于城市的建筑迷宫中，举头只看到近天与楼房。北京的建筑设计传统是封闭的，把城市以方格胡同划分，城市内也没有制高点，周边没有高山。所以有人担心，一旦故宫周围被高大建筑遮挡，那么最后一点古韵都会消失殆尽。

其实不用再过多少年，现在故宫周围，以及传统中轴线中心部位已经承受了很多现代建筑的压力。我曾经在景山公园的高处四下眺望，视力所及之处，皆是连绵起伏的高楼大厦，原本优美的中轴线已经被各色建筑层层阻隔。北京城北和城西那些著名的历史景观，也隐藏在建筑群的背后，实在很难寻觅。

法规不是保险箱

或许有的决策者已经意识到这些问题，在规划时显得更加谨慎。1985 年，北京市曾经出台保护旧城的规定：主要是对建筑高度的控制，比如王府井等核心地区，建筑高度不能超过 24 米，此后的 1991 年 ~2010 年的总体规划，还是沿袭了保护的思路。从昔日的皇城故宫开始，周围的建筑可以分层次控制，由内向外逐步提升。

另外，旨在为制定城市规划提供一个不能跨越的底线，保护历史文化街区和历史建筑，禁止大面积拆除和改建建筑物的管理办法也已经实施，它是在一些著名建筑专家和文物专家的呼吁下，通过全国人大提交的保护历史文化名城的议案。

但是这种规划保护的基础并不牢靠，一旦遇到行政命令的冲击，极易受到损害。首要面对的就是拆毁重建，在改造旧城的过程中，北京曾经出现了拆风大盛的局面。房地产开发商频频出手，规划中强调保护旧城而限定的建筑高度被突破。直到现在，业已成为重要商业中心的东方广场还受到专家斥责。

保护规定也好，管理办法也好，看起来都无法杜绝对古城的破坏。比如鼓楼周边的老建筑和街区，尽管有很多人反对拆迁，但是在旧城改造的浪潮中，它们还是纷纷倒下。就像对待今天的东方广场一样，随着时间的流逝，它所带来的繁荣景象又会削弱批评的声音，除了专业领域，几乎很少有普通市民对诞生在旧城之上的庞大建筑群提出任何意见。

这是容易被人遗忘的地方，当它破坏旧城风貌的时候，容易招来一致批评，但是当它们神气活现地矗立起来的时候，人们也容易选择遗忘，甚至还会在心底接纳。这就是城市化，它需要气派的高楼大厦，也需要不断地扩张和改造旧有的城区。

但是，旧城的平缓和开阔着实是不应该被淹没的。我突然想起香港文化人士李照兴先生，在2009年应邀为我所供职的媒体写文章时，他问过我，北京有天际线吗？

在他眼中，北京的很多建筑在规划的时候，并没有考虑到天际线，所以北京是属于那种无既定天际线形象的城市。他说，北京不像上海或香港，有一整个海港让人隔岸相望，在有足够的空旷距离下，远眺城市的轮廓。你一定要跑到一个制高点去察看这城市，才能看到一些不同。否则，即便你人在北京，也很难说出一个典型得一说便令人想起来的北京天际线图像。我想李照兴先生想要表述的意思，大概是说，这个城市从各个角度上看都是千篇一律的现代建筑，但每一栋都无法代表这个城市的形象。

许多生活在北京的老市民，看到拿着相机在街头拍照的外地游客，有时候会冷不丁来一句，哪个地方都一样，有啥好拍的？其实他们心里最清楚，在北京城里转一趟，他们都觉得迷茫，熟悉的老城区日益稀少，取而代之的高楼大厦，造型够生猛，但看起来却并不那么顺眼。

在2007年底第二届双年展举行的时候，与会的艺术家要投票评选十个国内宜居城市，当时北京和另外一个城市入选，排名第十，下面有人大笑，后来又投，北京再次入选，现场还有人开玩笑说，看来不投北京的票今天就不让回去了。实事求是地说，北京城越来越漂亮了，但总感觉缺了点什么。

历史的遗憾还会延续吗?

这种想法和感觉相信在很多人心中都会有。这么多年来，中国城市的扩张似乎没有底线，搞设计和规划的人，都知道要为一个健康的未来设计城市，但是现在主导中国城市建设的人似乎没有考虑这些。城市在发展，要想没有改变几乎是不可能的，但是如何改变，需要通盘考虑。比如中国的古建筑，包括历代城市的布局，都是一个体系，如果不把它们纳入古城保护的整体规划之中通盘规划和运作，肯定会留有遗憾。

比如北京，恐怕有很多人在感慨，要是以前的老北京能实施保护，城市风貌肯定不会是现在的样子。但是我们转过头来看，现在的城市明明也在发展，彼一时此一时。不过反思还是要有的，因为反思能让人对城市有更长远的规划和打算，做起事来也会更有远见，更加谨慎。我们今天再来看梁思成和陈占祥当初提出的著名的北京古城保护方案，还会有很多值得借鉴的东西。

记得罗哲文先生在接受媒体采访的时候，曾经深有感触地回味起当时关于古建筑保护的每个细节。北海公园的团城因为交通改造要拆除的时候，他和老师梁思成先生据理力争。在当时的文物局局长郑振铎的指示下，罗哲文又是写文章又是发图片，全面介绍团城建筑的重要性，最后还起草了报告，由梁思成面陈周总理，促使周总理亲自去北海团城实地勘察，这才使北海团城保留下来，成为老北京弥足珍贵的历史见证。还有耸立于建国门西南角的国家级重点文物保护遗址、世界最古老的观象台之一的北京古观象台，也是经过周总理做工作保护下来的。

在这方面，很多文化艺术家都已经做了比较深入的思考。著名建筑评论家史建在接受采访时曾表示，他们刚刚出版了《北京跑酷：

北京 18 个城区路上观察》，表达了对中国城市的一种态度。中国城市正呈现一种都市性，他们要做的，就是一方面对中国城市的无序蔓延，发展的惊人速度保持批判，一方面对发展商保持批判，同时，他们还对中国城市的现实做出了评判，并对城市的变化保持亢奋。

史建说，今天我们怎么看待这样的现实——城市化一定会产生很多新东西，比如北京，过去很多人一谈到北京，就是极端保护主义，二环内的四合院动一砖一石有人就会痛心疾首，其实真正走出去看看，就会发现，城市发展就是一个新旧交替的过程。北京 16 个区县也都是新旧混杂的，不要光看什么旧的新的，这是没有逻辑的，但要给它一个新的逻辑性，从空间文化的角度去看。

“为什么北京会对创意人群保持着吸引力？而且没有一个设计师说北京不好，就是因为北京是一个文化资源足够多元和复合的城市，它可以存在很多艺术大家。同时它也是前卫和时尚的，它有 798，还有三里屯。”

作为一个不断前进的城市，北京一定在生产着它的都市性，北京的 798 是不同于以往的东西，但它又是对旧城原本存在的东西的一种传承。现代是让人发现的时代，而不仅仅是批判。很多建筑，在了解的基础上才有资格评论。比如中央电视台新址，很多人叫它大裤衩，其实有机会走近的人会发现，它下面还有很高的裙楼，根本不像大裤衩。

但是北京毕竟首先是一个大国的首都，它的城市规划里面，不能缺少一个政治规划。这一点跟世界上其他的城市不同，具体来说，就是跟中国城市习惯模仿的两个目标——巴黎和纽约不同。“巴黎在艺术情调和市政建设上有那种帝国似的情调，也有着很深的历史积淀，这是它的都市性，看起来也很漂亮。而纽约是一个移民城市，它看起来很生猛，但是任何一个人进去，只是一个人，它没有任何历史。”

个性城市应该有自己的建筑语言体系

北京的城市空间则很复杂，它是世界五百强企业落户最多的城市，但城市空间却更多地体现着农业文明，管理还是统一性的。比如这个城市有过多的大院和小区，城市空间管理非常呆板，在奥运会期间，就连城市居民的建筑门面都要求格式统一，刷上一样的颜色。这个城市虽然在文化上很有活力，但却不是尽情宣泄的。

史建跟我强调，有一个简单的对比，“巴黎的凯旋门、埃菲尔铁塔，这些都是淋漓尽致的表达。还有纽约时代广场，那里都是广告牌和看板，人往那里一站，仿佛就站在世界的中心，很让人亢奋。中国香港也是这样，招牌很炫，但内地城市塑造空间惊喜的能力太弱，另外城市的管理过于死板，北京的 CBD 是不能乱挂看板的，城市空间很局促、内敛，政治文化也内敛。所以一出现什么‘大裤衩’之类的新颖建筑形式，就会显得很突兀”。

但是，在我看来，当一种代表新的潮流文化的建筑形式更长时间地存在的时候，它也会形成一个新的秀场，并成为城市里最具气场的建筑景观。最有借鉴意义的是奥运场馆区。当然，还有因奥运会而备受瞩目的奥运村区域。当年北京奥运会开幕，来自世界各地的游客、上万名运动员、数万名记者在金碧辉煌的奥运村享受一场视觉盛宴的同时，不会有人想到，他们脚下这片土地，曾经拥有怎样的过去。奥运会主场馆所在的区域，在过去 50 年中，曾经是农田、湿地、村落，是废品收购站、是中科院的规划区，是城市的编外村。但是再看看今天的奥运村，2010 年初，部分住宅的价格每平方米已经突破了 3 万元，号称坐拥中轴线的某地产项目，每平方米起价叫到了 7 万。

我们与其说是因为奥运会的推动，不如说是房地产的推动，奥运会只是一个契机，它让很多房地产项目以城市化的名义生长着，当大批的民众在这里感慨的时候，他们只知道这片土地是如何的荣耀，没有多少人会留意，这个发生了巨大颠覆性改变的地区，有着怎样的过去，那些透过暗夜点亮的稀稀疏疏的窗户，又见证了这座城市怎样的空虚。

显然，在当下的潮流中，优秀城市的标准已绝对不是造型上的好看与否的问题了。没有对环境的分析与理解，没有可持续发展的意识，再华丽的城市都是虚幻的。

根据规划，北京迟早要成为世界性大都市，但是北京做好准备了吗？在前二十多年里，北京已经失去了很多自我的东西，而且许多依靠模仿西方的建筑模式或者标新立异的建筑，已成为舆论争议的中心。但是北京能够回避现代化城市面临的问题吗？

早就有人说过，一些奥运场馆或者新生的建筑，都是极不环保的样本，钢材的浪费惊人不说，就连维护成本都让人惊讶。为一个健康的城市设计未来，北京的一些新奇建筑不是最佳的代表。在未来的国际化大都市建设过程中，北京必须面对的挑战，除了生态环境问题之外，还有世界大城市里已经面临的社会公平和财富分化问题。

而且，北京不是一个单一的城市，不同层面的专家，已经给首都制定了一个京津唐城市一体化的宏观经济蓝图，北京2004年修订的“两轴两带多中心”新规划，实际上是将“单中心”的北京建设成“多中心”的“复合城市”，这个过程也就是北京城向边缘扩容的过程。在这个扩容过程中，北京目前的城市边缘地带、近郊、远郊将依次梯级后退，原来的边缘区将成为市区，原来的远郊将成为近郊。有的学者甚至把周边六个小时车程之内的地区都划入大北京的都市圈。学者们期望这样能够嫁接环渤海地区发展的优势，构建京津冀城市一体化，带动周边繁荣，这似乎是一个世界城市区域体系的发展模式。还有一个预见是，在不远的未来，首都还会急剧膨胀，面临生态、环境的持续恶化和资源的紧张形势，六个小时车程之内的大北京都市圈，或许是缓解这种危机的生态保障线。

被现代建筑压垮的古城

CHENG SHI BEI JING XIAN

生活在内地的人们，很多都向往江南水乡的古韵，但是到了那里，又发现完全不是那么回事。有些古镇如今已经成为新修的古镇，还有一些已经被繁乱的商业气息侵扰，丧失了应有的清幽。我曾经到过浙江的乌镇、南浔、上海的七宝、青浦等地游览，看到古镇街区上的建筑，很多都是按照旧的样式修复或者建造的，无一例外地披上了现代外衣。

记得当时是 2004 年，在所有古镇中，只有南浔的口碑稍好一些，人们认为它保持的旧貌算是最多的。这样一个镇，历史上光是园林就曾经有 27 处，清代之后逐渐衰落，后来幸存的只有刘氏小莲庄、陈氏颖园和张氏适园及嘉业堂藏书楼等古建筑和园林。但是上海一家公司垄断了南浔古镇 30 年的保护性开发权和旅游经营权。这是跟当地政府“联姻”的结果，他们想打造一个江南的“大宅门”。我看过他们编制的古镇保护性开发规划，计划投资 23 亿元，工期 5 年。施工方案里尽管保留着小桥流水的江南水乡风貌，但是街道和河道两边出现了各种商业街、酒吧廊、“新天地”等现代化的消费和娱乐场所。毫无疑问，按照这样的规划建造出来的古镇，一定会显露更加商业化的痕迹，使古朴风貌保持得较完整的古镇南浔经历一场大改变。

南浔曾与周庄、同里等五个江南古镇一起，荣获 2003 年度联合国教科文组织亚太地区文化遗产保护“杰出成就奖”。颁奖者认为，这个项目保护了江南水乡城镇原真性的特色和历史原居住环境功能，同时，又满足了现代生活需要和预计发展，对于活的文化景观保护来讲是一个典范。然而，现在挖掘机的轰鸣声，打破了这个江南古镇原有的秩序。对习惯了南浔古朴风貌的人来说，这种改变是无法接受的。

2004 年 10 月 5 日，中央党校经济学科原学术带头人吴健、中国科学院高能物理研究所研究员刘世耀等 14 位旅京南浔人士联合签名，呼吁制止古镇的这种开发行为。他们说，“江南大宅门”项目一旦实施，“喧嚣洋化的城市氛围”将取代南浔特有的“宁静古朴的水乡情调”。10 月 18 日，国务院信访局把呼吁书批转给浙江省领导。10 月 27 日，时任浙江省省长的吕祖善曾作出批示，然而，一位知情人士说，“南浔古镇的拆迁是挡不住的”。

国内有很多项目，尽管社会上反对的呼声很高，但是该建的最终还是会建起来的。而且，在中国的现代化进程中，这样的开发不胜枚举。1992 年，湖南武陵源风景名胜区入选世界自然遗产名录，6 年后，武陵源已变成一个“旅游设施泛滥”的世遗景区。在受到联合国专家的警告和教科文组织的批评后，当地政府开始动手将景区内近 34 万平方米的违章建筑物拆除，而仅此一项将耗资 3 亿多元。

最后的四合院

另一个失去旧有色彩的是有着 3600 年建都历史的商都郑州。

中国第二个世袭制王朝商朝出现在郑州，商代在这里建立了宫殿，还划分了农工商经营区域，城里到处是铸铜作坊、制陶作坊、制骨作坊、玉器作坊，把疆域建得很大。今天郑州东边的凤凰台，西边的沙口路，北边的花园路，南边的二里岗，都是商朝的国都范围。商朝人还在内城建起了城垣，全部是用土夯实堆积起来的，北起司家庄，南到城南街，周长近 7 千米。但是现在那些城墙都成了残垣断壁，上面荒草萋萋，还生长着一些大树。被数条东西和南北走向的城市道路拦腰截断的地方，用混凝土包裹着，上面刻上保护字样，但城墙绵延的气势早已经没有了。在 20 世纪五六十年代，无数民众开始在上面私自搭建房屋，到今天为止，穿越老城区的城墙附近还遗留着砖瓦等建筑残迹。

郑州是座内陆城市，改变力度之大其让人难以想象。很多长期生活在这个城市里的人谈起这种改变，都觉得一切老的和古的东西都在不断地消隐。在东大街上，曾经有著名军旅作家魏巍的故居，但是在 2002 年郑州进行东大街改造时，为了拓宽街道而拆除了。现在郑州已经很难找到新中国成立以前的历史街区和代表性的居住建筑了。郑州书院街上还有一座四合院，据说是省会目前仅存的四合院，但也已经破败不堪。据说当时原本在那个位置规划了城市游园，因为没有跟房屋主人达成协议，就保留在那里了，但是现代化的城市也开始对它不管不问，紧靠古城墙的一座比原规划更小的游园已经建好了，它还孤零零地靠着车水马龙的紫荆山大道，北边紧邻着多层现代建筑和行人过道，破落的外观和眼前的街景形成强烈的反差。那些行色匆匆的人们，看到这处破旧低矮甚至青砖灰瓦上都生长着野草的建筑，或许只是纳闷，但他们不一定了解这个被喧嚣和繁华包围的旧建筑的历史。

说是四合院，其实跟我们在北京常见的传统四合院布局完全不同。从外围看，这座四合院东侧的房子只有南面几间是青砖墙体，北面两间的墙体却是红砖，显然是后来新接的，而且老房子上面用的是灰瓦，翘壁飞檐，新建筑的房顶却是平房样式。院落的前门，也就是过道在北面，过道的西侧开了门，成了电动自行车维修铺，东侧租赁给了卖炭的。大门洞很有些年头，阳光很好的时候，路过门洞的人会看到幽深的院落之间，洒落着一米阳光。

这处四合院所在的书院街，在清代以前是有名的纸坊街，院落的东西各有一个庙道，整天都有烧香拜佛的人。到了房屋主人郭玉合这一代，纸坊街已经变成了书院街。但是关于这座四合院的历史，郭玉合并不是十分清楚。郭家原来在东大街住，后来才搬迁到这里，具体是哪个年代搬来的，家里人都说不清楚。郭玉合透露，他们的祖坟，就在离此不远的地方，当初曾经在那里发现过一块刻着满文的碑刻，推测在清朝时期祖辈就在这里居住了，但是也有一些人告诉他，这个院子存在的年代还可能更早。

郭玉合在这个院子里，见证了郑州的发展。郭玉合记事的时候，院子周围都是菜地，前面的顺城街和城南路是护城河，郭玉合六七岁时，曾去一道河沟和二道河沟之间放羊。他所说的一道河，就是现在的城南路护城河，二道河是现在的熊耳河。那时候两条河的水都很清，一到下雨，郭玉合就跟小伙伴一起下河逮鱼。后来人们推倒了古城墙，把护城河填平，并且陆续在城墙上建起了房子。

2003 年，郑州在这个区域规划建设游园的时候，这座四合院周围的围墙都被拆除。时任郑州市长的王文超还专门去这个院子视察，并做出指示要保护好这座院落。按照园林设计要求，要把院落周围都种上竹子，但后来一直没有实施。今天这座四合院，已经显得十分凌乱和破落，但是对它的保护和规划，显然是迟滞的。院落的东西厢房相距很近，右厢房的后面，靠近紫荆山路的地方，还矗立着一栋两层楼房，建造于 20 世纪七八十年代。它对四合院形成了挤压态势，让整个院落显得拥挤和局促。门楣上面的椽木经过半个多世纪的风吹雨打，已经破败了，瓦砾也塌陷了，屋檐边上的灰瓦下，仔细看还有叶柄铺就的鸟窝，只是等候好久也不见鸟儿飞出。

老房子的窗户分两层，上面紧靠屋檐的窗户略小，是正方的，窗棂中间原来镶嵌着拇指粗的木条，现在抽掉了，换成方格一样的窗户，没有玻璃，用塑料布遮挡着。下面的大窗户上用了青砖券的拱形的窗沿。木制窗户上方雕刻着花朵，下面的钢筋已经锈迹斑斑，用来遮挡蚊虫的纱窗也只剩下一半，在阳光的阴影里，它们寂寥地安卧在那里，仿佛在跟停滞的时光对话。在青砖铸就的墙体上，混凝土也大多脱落了，浑厚的青砖突出在外，有些地方竟然结了薄薄的蜘蛛网。西厢房上的瓦许多已经换成了橘黄色的，葡萄藤爬了上去，遮挡了岁月的印痕。

东边的厢房早已不住人，所以用牛毡和木条做的屋檐已经塌陷，主人并没有去收拾它。正房门前那棵粗壮的夹竹桃，仍旧焕发着旺盛的生机，它见证了这座院落的兴旺和衰落，在它年年岁岁无言的注视里，或许已经读懂这个院落曾经充斥着怎样的欢声笑语，又有着怎样的悲伤和失落?

西边的屋顶显然比过道破败一些，站在高处看，屋顶散落着一些瓦砾。由于年久失修，屋檐上托着灰瓦的木条失去固定作用，垂了下来，上面的灰瓦失去依托，也在一点一点地往下滑落。

院子的角落里有棵石榴树，据说也有百年历史，如今还是年年挂果。院子主人种植的葫芦，藤蔓缠绕，沿着墙体攀附着石榴树，然后延伸到破落的墙体上，那里的门早就废弃了，门前堆放着扫帚，簸箕等物件。拱形的门窗和雕刻还告诉我们，那是旧时的物品。

消融的梦境

我曾经在郑州生活了很多年，亲眼见到那里的改变，觉得很多有味道的街区和生活场景，就是那么一点一点地消失和改变的。直到现在，偶尔回去，还是会到一些街道看看，寻找一些旧时的温馨气息。郑州的经六路是我比较留恋的路。很多年以前，经六路还没有跟它北边的黄河路连通。但长期生活在这个城市里的人都知道，那是一个心情和脚步可以一样悠闲的地段，它基本坐拥行政区中枢，却又法桐繁密，幽静安逸。

车河人海到了前面的纬一路和纬四路，就像受阻了一般，喧闹再也倾泻不过来。行人轻车简从，宛如进入一个绿意昂然的清碧世界。并不十分整洁的行道两旁，翠枝肆意舒展，鲜花兀自绽放。偶尔会从叶隙里露出两张藤椅，上面的人微眯着眼，正把收音机贴在耳朵上，陶醉在豫剧的抑扬顿挫当中。在喧嚣的行道背后，流淌着梦境般的不真实。

后来这梦境就被城市的扩张惊扰了。先是退路进店，这个路段上的花草商，渐渐转移到北环道上的陈寨花卉市场。接着是打通断头路，黄河路上的噪声一下子挤了进来，依附在它周边的小道仿佛一下子活络起来。十几家大大小小的酒吧，开始四处生长。经六路上最后的静谧终于消失了。

今天在郑州已经很难找到这样的场景了：幽深繁密的法桐匝地，整洁僻静的小道鸟声婉转，悠闲的行人在清新的空气里穿行。农业路、经三路、航海路等一条一条的通衢大道把财富的符号聚集到自己身边，终日炫耀各自的富贵和繁华。就连陶醉在其中的慢摇吧，也比以往任何时候都喜笑颜开。只是很少有人记起，老街道上那些简单的美丽，早已成为不可企及的梦想。这，或许就是城市成长的代价。

当然，号称中国最优秀城市的上海也不例外。每当夜晚降临，新天地暖暖流淌的暧昧气息，就把这个区域凸显得精致和妖娆。弥漫的酒精味道和千回百转的乐声隐隐地混在一起，张扬着城市生活的华丽。

上海如今也意识到必须给城市留下一些历史，所以在 2010 年出台了历史上最为严厉的城市遗产保护制度，市区有64条道路永不拓宽。此前，上海市先后公布了市优秀历史建筑共632处，2138幢，总建筑面积约400万平方米。它们与中心城区12处历史文化风貌区从不同侧面共同展现了上海不同时期、不同地域、不同风格的城市与建筑风貌。包括郊区及浦东新区已有的32个历史文化名镇与全市范围内144条风貌保护道路也已登上保护名单。而在这144条风貌保护道路中，有64条道路进行原汁原味的整体规划保护，也就是说这些道路将永不拓宽。且街道两侧的建筑风格、尺度要保持历史原貌，行道树等道路空间重要组成部分也受到保护。甚至在地铁选线时因为保护建筑而改变线路，这在世界上恐怕也是少有的。

这是让人欣慰的。宝贵的文化资源不可再生，自1982年起，中国国务院先后公布了108座国家历史文化名城，2003年以来，中国公布了157座历史文化名镇、名村。但是在城市化进程中，一些历史文化名城的保护很不好，在有些地方推土机正推倒老建筑，搭建起风格类似的“名镇”。

住房和城乡建设部副部长、高级城市规划师仇保兴谈到有关历史文化名城的保护时曾经说过，“对历史文化街区，切忌拆平重建，防止割断历史文脉的延续和城区基本肌理的丧失”。因城市是自然与人工构造物的复合体，应尽量保留“山水形胜”的基本地理格局，着重保护江河、湖泊、海岸线、沼泽湿地和山体植被等自然斑痕，使自然风光和文化特色交相辉映，使城市的天际线和山水景观融为一体。

城镇化的先天性缺失：污染和经济发展同时起步

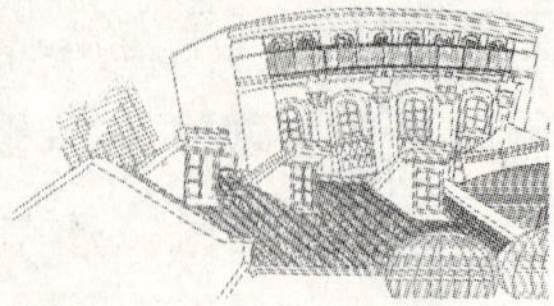

CHENG SHI BEI JING XIAN

1978年开始的改革，是使城市化加速的超强动力，使中国经济连续十多年高速发展。中国经济从小到大，再从弱到强，造就了中国城市的崭新面貌，当然，城市化过程也留下了今天的光鲜和失落。

就经济发展的路径来说，南方和北方在城市化过程中大都经历了同样的情形。其中，小城镇的催化剂作用功不可没。1984年代初，国家鼓励私人创办实体产业，乡镇企业一夜之间遍地开花。各种小作坊式的家庭工厂、皮革化工厂、加工制造厂陆续出现，它们有的生长壮大，也有的关闭和退出，然后逐渐有外资进入，引发了厂区建设、房屋更新、街道改造、马路拓宽和交通改善等一系列的变化。

在乡镇和一些小城市，从业于乡镇企业的企业主和工人开始聚集，在他们居住的地方，出现了集市贸易场所、出现了学校、出现了职工宿舍。因为有贸易需求，近郊的农民把蔬菜运到了这里，供应长期居住在这里的工人和学生，随着暂住人口增加，不少人在小城市有了固定的住所。城市化在这样渐次的行进里慢慢形成。

到了20世纪90年代中后期，中央政府又在系列决议里规划了发展中国小城镇的战略布局，以加快城镇化的进程和发展。这一时期，很多地方开始撤乡设镇。在我看来，撤乡设镇就是一种“招商引资”和城镇建设发展的代名词，它最直观地反映出一个地方城镇的经济变化和城镇基础设施的扩大，也清晰地昭示着小城镇在城市化道路上留下的脉络。我记得在河南项城原来有一个小乡，靠招商引资在 1992 年前后曾经建起一座雄伟的商业大楼，这是这个城镇上最早的标志性建筑，可惜只红火了数月就变得冷清起来，许多商户也纷纷撤出。原因很多，除了居民的消费能力有限之外，各种配套服务设施和管理也跟不上，这次失败的尝试是地方行政推动城镇建设的一个缩影。但是也有很多新城镇打响了名头，比如 80 年代的豫东，跟同期的南方城镇一样，出现了纺织、印染以及专门制革的皮革重镇等。有人说，这些乡镇的发展其实是推动城市化最早的一支力量。但也从一开始就留下了无序建设的隐患，最明显的后果是环境的污染。

很多乡镇企业，如皮革厂、服装厂等，厂房很简陋，在农村或者镇上建造了水泥池子，盐水里浸泡着牛皮、羊皮，散发出浓厚的腥臭味。在机器轰鸣的小工厂里，夹杂着破布条和石块的鸭毛被填进粉碎机，然后在烟尘纷飞中变成轻飘飘的发黄絮状物，被戴着大口罩、围坐在地上的妇女填充到鲜艳的被罩里，然后运送到门外等候的大卡车上。那是乡镇企业初期常见的场景。

20 世纪 80 年代后期，以河南的一个小县城为例，皮革等高污染行业遍地开花，著名的莲花味精厂也开始四处布局，频频扩建厂房。整个城市弥漫着浓郁的玉米发酵的气息，城市的天空变得越来越混沌。处理的富营养的水质被以养料的方式输送到各个乡镇的田间地头，供农民免费使用，说是对农作物有利，等到农民发现用这种水施肥后土地变得板结，到了第二年那水池里的水就没有人再用，迎风十几里都是酸臭味。又如最早发展皮革业的丁集镇，先是穿镇而过的谷河被污染，随后下游村镇的水域全部被污染。导致 20 世纪 80 年代初期还可以直接饮用的清澈河水变成了乌黑的酱油状。

当然，这也只是乡镇企业污染的一个缩影，在长达十来年的建设中，似乎没有人考虑过污染问题，有的乡镇几乎家家都有手工作坊，污水通过无数排污管道或者直接从地表漫过，渗入地下，流入河道，使方圆数公里的村镇都弥漫在酸臭的气味当中。而沙颍河的上游平顶山、漯河一些地方也被化工和皮革工业影响，导致沙颍河污染严重，在河南境内原本通航的沙颍河，20 世纪 80 年代时还经常有游泳的，有些城市还有摆渡的。短短的十几年时间就面目全非，发黑的污水上泛着浑黄的泡沫，连蚊虫都无法生存。河水漫过又消退的地方干裂又板结，像是浓重的汗渍，其上寸草不生。

这些被污染的河流又进入淮河，导致整个水系全面污染。淮河曾在 1994 年和 2004 年爆发过几次污染事件，尤其是 2004 年的污染更是导致沿线城市停水 51 天。充斥河面的最大的污染团，浩浩荡荡长达百余公里，污水成黑酱色，总量超 5 亿吨。污染团所到之处，鱼虾蚌蟹统统绝迹。这些污水跨越千里河道进入洪泽湖，导致洪泽湖上氨氮超过平时的 60 倍，水质全为劣五类，也就是完全丧失了水功能。

被称作“淮河卫士”的民间环保人士霍岱珊经常给我提供一些图片，来表达他的愤怒。十几年来，他一直自费调查淮河污染情况和污染对沿线居民健康造成的致命伤害，但淮河污染状况依旧严重。包括跟这条河水相通的颍河、涡河、谷河、汾河，河南境内大大小小的河道，都难逃被污染的命运。记得 20 世纪 80 年代初，大概是我五六岁的时候，跟随母亲去镇上看戏，口渴难耐，母亲还领我到河边，用手捧着水喂我，那河水清澈明净，只有水草的清新味和鸭子羽毛的微腥。可是到了 80 年代中后期，河水在几年之间全部污染，严重的时候黑乎乎的，泛着泡沫穿行在小镇之间，各个乡村的二级灌区和泄洪河道也难以幸免。

根据环保部门公布的淮河污染排放数据显示，来自淮河流域企业的工业污染仍然是河道的主要污染源，另一方面，高速城市化造成的影响更是惊人。短短十几年，淮河流域人口增长了两三千万，城市化率从原来的不足20%提高到30%之多，这意味着淮河流域城市生活污水的排放会同时大幅增加。在安徽的一个城市，城市污水排放量超过了当地工业污染所占比重的两倍。

环境问题是最大的民生

环境污染事件引发严重的社会问题和经济问题。世界银行测算，中国1995年空气污染和水污染造成的损失占当年GDP的8%，而根据中国专家估算，2003年，中国环境污染和生态破坏造成的损失占GDP的15%。2005年中国有关部门接待的关于环境的信访就达69万件，2006年更是达到70万件。来自专家的研究数据表明，1996年~2007年，中国的耕地面积减少了1.1亿亩。

经济膨胀和社会城市化的急剧发展，大规模工业化及全球变暖引发的土地利用、水资源问题，让国内的一些院士和权威专家心急如焚。由中国科学院牵头，20多位院士组成的院士调查组曾专门在全国各地进行污染调查，结果直接呈报国务院领导。

院士们调查发现，中国生态环境面临着严重危机，环境污染的区域遍及全国城市群和经济密集区。造成环境污染的中小企业由沿海平原向本省丘陵地区以及中部转移，环境污染正由局部发展到大的区域范围。

在2010年9月9日举办的《中国国家地理》大讲堂上，陆大道院士谈到中国的环境污染与国民健康问题时，显得忧心忡忡。

他说："长江被认为是中国水质安全最后的保障，但是近年水质污染加重，长江中下游湖泊变得富营养化。一些地方的水质不再符合饮用水标准但仍旧被用作自来水。淮河及其支流污染严重，太湖的水污染严重，中度富营养状态。2007年5月受蓝藻污染的太湖水，导致100多万人饮水出现困难。巢湖的水质也是五类，中度营养化。滇池湖体总体为劣五类的水质。”

另一方面，近海污染也不容忽视，中国的海湾大多数污染严重。行驶在河道和海湾的各种船舶，泄漏的油和废气等也对水体造成了污染。

据有关专家介绍：在传统的有机污染日趋严重的同时，有毒有害的污染开始显现。这些有毒的污染主要来自各种化工厂和焦化厂废弃物，电子产品废弃物，它们容易形成持久性的有毒污染。

记者从有关方面了解到，广东省的贵屿镇已经成为全球最大的电子垃圾拆解基地，这里有300多家企业专门从事拆解，还有3000多家手工作坊，年拆解垃圾150万吨。运输港口以广东、浙江、福建为主，这些电子垃圾包括废旧电视机、通信器材等。电子废弃物运输、拆解、焚烧已经造成严重的水土和大气污染。比如当地人在河边进行晶片酸浴提取金，焚烧一次需要一个星期。成堆的电子废弃物堆积在农田之上，污染了土壤和水。

在江苏某地，有一家清洗化学用品包装罐的工厂，厂址附近有近3万平方米的水土被污染，而且污染土壤深达2米，毒水进入了太湖水网地区，被专家称为“化学定时炸弹”，它们一旦大量灌泄，将会造成很大的不良后果。

越来越严重的污染也导致了生态退化，2000年元旦后，湖南郴州企业违规排放含高浓度砷的工业废水，致使井水污染，造成数百人砷中毒；2006年9月8日，湖南省岳阳县城饮用水源地新墙河发生水污染事件，砷超标10倍左右，8万居民的饮用水安全受到威胁和影响；2007年7月11日，东湖风光村附近官桥湖水域10万斤鱼死亡；还有广西环江重金属污染……

据专家透露，江汉平原第一位的民生问题目前已经是环境问题。因为当地高密度的水体养殖，已经造成严重污染，湖水没有一块是干净的，许多农居环境恶化，垃圾遍地，河湖黑臭。

西班牙《世界报》曾经在2007年12月3日报道称“中国用历史上最短的时间让最多的人口脱离了贫困，经济发展将水稻飘香的农田变成了工厂和大楼，但中国在发展过程中也逐渐从人口大国变为污染大国”。

一些被污染的河水仍被用来灌溉农田，令土地也受到毒害，环境污染也开始随被污染的水源和土地进入了食物链。在一些河流污染沿岸、有色金属矿区、矿业城市和一些中小城市的郊区、甚至是环境污染严重的地区仍然住着许多老百姓。在一些污染严重的流域附近，癌症患者不断增加。据公开的数据表明：自2001年以来，媒体公开报道的癌症村就有80个，比如天津附近的西堤头，广州韶关上坝村以及河南沈丘淮河流域的一些村庄。

其实类似的情况还有很多，有些城市和乡村，前一年去看还是好好的，山清水秀，隔两年再去看，往往已经面目全非。但是面对这样的困境，地方政府通常也很矛盾，如果不让沿线企业排放，当地的GDP就会受到影响，这不符合政府发展经济的愿望。甚至有些地方的老百姓，也为了追求当下之利，忽视了污染问题对生存环境造成的损害。

对于地方过于追求GDP的倾向，中国国内不少权威专家都曾在不同场合提出过警告。

中国科学院院士、经济地理学家陆大道说：“很多地方领导把发展是硬道理片面理解成GDP是硬道理，不断制订超越计划，忽视了环境污染问题。许多地区在两位数的增长前提下，还提出加快增长的口号，大量大污染、大耗能的项目还在上马。”

比如在2002年～2007年，中国的钢材消耗就从2亿吨增加到

5. 7 亿吨，发电量则由 2002 年的 1. 65 万亿度增加到 2009 年的 4 万亿度，2010 年还会有突破。

陆大道呼吁，中国利用低端产品世界工厂的模式实现了高速增长，但是现在也是要刹车的时候了。要遏制各地区追求 GDP 超高增长的冲动，把节能减排目标作为各地制定 GDP 目标的红线，刹住盲目赶超之风，使地方政府有足够的人力、物力、财力处理环境污染问题。

治污避免了江南小城的“沦陷”

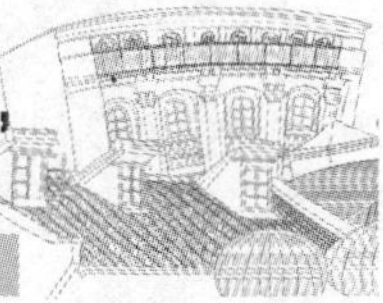

城市化的进程无法回避污染，但是倘若各地只盯着经济发展目标，对生态环境不管不顾，那无疑是一种短视行为。水为万物之源，且地上地下血脉相连，一旦一个区域出现问题，那么整个水系离被污染也就不远了。居住在河道附近，或者通过城市泄洪渠道与河道连接的城市，难免会有殃及池鱼之感。

惊动中央的水污染纠纷

浙江的嘉兴和江苏的盛泽恐怕是对此体会最深的两个城镇。因为在数年前，两个城市还曾因为境内河道污染问题，进行过长达10年的纠纷和诉讼。那场纠纷甚至还惊动了中央，惊动了当时的总理朱镕基和副总理温家宝。尽管时过境迁，当初引起污染纠纷的河道水质也已经得到全面改善，但是发生在两个城市之间的这场“旧争端”，以及后来在城市间形成的有效的协调机制和环境冲突危机解决机制，对今天的许多城市、尤其是水域边界相连的城市还是很有借鉴意义的。

嘉兴和盛泽的河道污染纠纷，可能是城市化进程中，经济发展无法回避的工业污染难题，它们在 2002 年之前已纠缠数年，并在 2001 年底彻底发酵。事情的缘起是嘉兴市北部的 47 户渔民，在 2001 年 11 月 22 日凌晨，自沉 28 条水泥船，在境内的麻溪港（江苏称清溪塘）拦起一条大坝，以阻挡来自上游的江苏盛泽的污水。这 47 户渔民都是养殖大户，但是因为水源污染，造成水产品大量死亡。他们还据此向当地法院提起诉讼，状告上游 21 家污染企业并索赔经济损失。浙江省中级人民法院支持了本省渔民对这起跨省水污染案的诉讼，并在 2002 年底判决江苏相关企业承担赔偿责任。

据渔民后来向我透露，当时的场景像是在打仗。因为封堵污染河道从情理上得到了声援，所以声势浩大。封堵行动定在凌晨，现场组织了近千名施工人员，统一戴安全帽，身着橘黄色的救生衣。麻溪港边还预先设置了聚光灯。这条省界河道被封堵的范围超过了 300 平方米，在约 30 米宽的河道上，聚集了近 100 条水泥船，它们被陆续凿沉。麻溪港两岸都打出了大幅标语，嘉兴方面的标语是："为了子孙后代坚决堵住污水""还我一河清水，还我鱼米之乡"，而盛泽一方的标语是："还我名誉，政府公然违法断水堵航天下奇闻，试问中央政府还在不在你眼里。"嘉兴一方还架起高音喇叭，大声喊话，支持堵坝群众。

2001 年 11 月 22 日，新华社江苏分社在当日的"国内动态清样"中，分别以《江浙省界主泄洪道遭封可能引发冲突》、《江浙省界清溪塘事件现场聚集 4000 余人》为题，报道这次沉船拦污事件。这两份内参很快引起中央的高度重视，时任国务院副总理的温家宝当即批示：太湖防洪和治污需要两省和有关部门密切合作，有问题共同协调，请水利部、环保总局即派人前往出事地点，与江浙两省政府一起尽快解决争端，避免事态扩大。朱镕基总理也做出批示：请王忠禹同志督促水利部和环保局迅即赶往现场解决问题。同时，在中共中央办公厅发给浙江和江苏省委办公厅的内部传真电报上，也通报了尉健行同志看到当日的内参后所做的批示：请江苏和浙江两省立即派主管干部赴现场妥善处理。

对于这场惊动中央的沉船拦河行动，时任嘉兴市市长、后任嘉兴市人大常委会副主任的杨荣华告诉我，这是继1998年国家治理太湖流域污染的“零点行动”以来，嘉兴自发组织的民间“零点行动”，它得到了嘉兴上上下下的一致支持。杨荣华说，当时中央并不太清楚堵坝的背景，作为当时嘉兴的行政首脑，他亲眼所见的事实是，嘉兴人民长期遭受江苏盛泽的工业污水侵害，已经到了忍无可忍的地步，用堵坝的方式来促使其解决问题，不失为一个可行的办法。

江苏吴江市盛泽镇和浙江省嘉兴市仅一河之隔。这条河就是麻溪港，麻溪港宽30余米，水深2米，河的两岸集中着盛泽印染企业的几个排污站，大部分污水从盛泽顺流而下，通过麻溪港，排入苏嘉运河。从1993年起，盛泽的印染业空前发展，大量未经处理的工业污水涌进河道，嘉兴方面提供的数据表明，最高时，污水的排放量是每年9000万吨。流入嘉兴的河道里的污水变得臭不可闻，而且浓得像酱油。

因此嘉兴北部王江泾镇的渔民遭受了灾难性的损失。嘉兴市渔政管理站的顾升荣亲身经历过一件事：1993年5月中旬，他在田北荡值班，早上起来突然被湖面上白花花的死鱼惊呆了。从那时起，养殖户承包的水域开始涌入越来越多的黑水，许多承包户变得血本无归。1995年，200多名渔民挑着死鱼闯进对岸的盛泽镇政府，散发着腥臭味的死鱼在镇政府院子里堆成了鱼山。嘉兴市政府和环保部门与江苏方面进行了紧急磋商，全国人大环境资源委员会和国家环保总局也相继派人到现场调查，协调处理，由于污染牵涉到两省交界处，地方产业发展和经济利益上的矛盾，以及管理体制的不顺，盛泽印染污水侵害的问题一直没有得到解决。

这次事件后，国务院进行了治理太湖流域水污染的“零点行动”，1998 年下半年到 1999 年下半年，流过麻溪港的水质有了明显好转。渔民胡豪彪就在此时来到了嘉兴，同来的还有 30 户乡亲。他们集资 560 万元，承包了嘉兴北部王江泾镇田北荡水域，养殖珍珠蚌。

胡豪彪说：“国家治理见成效了，我们都抱着很大的期望来搞养殖，承包合同一签就是六年，谁知道命运又跟我们开玩笑了。”2001 年 4 月 27 日，胡豪彪从渔棚里出来，人都吓傻了，湖面上白茫茫的一片，全是死鱼，挤得密密匝匝。8 月到 10 月，他们承包的水域又遭受了几次污染，湖水变得又黑又臭，像酱油，鱼都死光了，要命的是 100 多万只珍珠蚌，都是三龄、四龄蚌，受到污水毒害后，一个个张着嘴，有的珍珠掉进水里，死珠没了光泽，根本卖不上价，一下子损失了 200 多万元。

胡豪彪他们承包的是嘉兴国营渔场的水域，这一年，这个渔场 14000 亩的水域全部遭到污染，不可避免地成了重灾区。死鱼只是表面的损失，生态破坏带来的是灾难，这个地方要想提高水产档次、提高产品竞争力，把生态恢复到以前的水平，几乎是不可能的。

嘉兴市政府的政务信息，连续用“嘉兴部分外荡水域遭受盛泽工业污水严重污染”、“盛泽污水继续侵害秀洲区 造成渔业损失不断扩大”、“盛泽工业污水威胁胜地南湖水质”等标题记录了 2001 年的这场持续很久的生态灾难。同时，来自嘉兴市秀洲区和嘉善县的报告也表明，自 1993 年以来，嘉兴市北部水域遭受上游污染侵害，不仅对渔业资源、农业生产造成重大灾害，而且对这一区域人们的生存环境造成了极大破坏，除 1999 年的一段时间外，嘉兴市属两区一县受灾水面达十几万亩。2001 年 4 月 27 日、8 月下旬、9 月中旬，又有三次大的污染，几乎让这些区域的鱼类资源损失殆尽，珍珠蚌死亡 300 多万只，200 万只珍珠蚌被迫转移，10000 多亩水面荒废。

生态灾难威胁的不仅是经济

生态灾难也给当地群众的健康带来了巨大威胁，据当时嘉兴市卫生部门提供的数据表明：2001 年嘉兴市北部 8 个乡镇恶性肿瘤患病率比 1996 年上升了 28.2%，而同期南部的 8 个乡镇仅上升 11.65%，且北部地区患消化道系统恶性肿瘤比率已上升到 58%。1999 年~2000 年，北部地区爆发肠道传染病 3 起，急性腹泻 1 起，而同期嘉兴市其他地区无肠道传染病爆发疫情。2000 年，冬季征兵，王江泾北边的 12 个村子无合格应征青年。

生态破坏受损的也不仅仅是嘉兴。盛泽污水主要经东、南两个方向分流，向东经排泾港进入苏嘉运河，一部分污水向南污染嘉兴北部，一部分进入嘉善境内，污染区域达上百平方公里。污水不仅给嘉兴的水产资源造成损失，而且使整个流域的生存环境变得恶化，让两岸的群众生活在黑水包围之中。堵坝事件发生的第二天，《嘉兴日报》的记者童建华到对岸暗访，盛泽当地的群众悄悄地对他说："我们老早就恨死了，污水整天熏得人睁不开眼，亏着你们那边闹起来了。" 在盛泽镇中心的朝阳桥，童建华遇到了家住史家浜的一位老人，老人告诉他，家门口一天到晚都是臭气，门窗都不敢开，河里的水黏糊糊的，别说人洗手了，连鸭子都不下水。

嘉兴市有关人士告诉我，在沉船堵坝事件发生前，盛泽的印染业排污一直是处于失控状态，而这种失控的排污换来的是盛泽的高速发展，2001 年，吴江市的工业总产值接近 200 亿元，盛泽一个镇就占 60%。印染业的发展远远超过了环保设施的建设，盛泽日排放的污水量是 41 万吨，而新建的污水处理厂日处理能力不过 10 万吨，有的工厂为了降低成本，时放时停，甚至偷偷直接排放。环保部门的报告表明：盛泽境内的海福桥水域，化学需氧量常年超出V类水质标准的6倍。盛泽的大型企业——鹰翔集团附近的水域化学需氧量超过V类水质的11倍以上，直接导致嘉兴境内长虹桥水质超过V类的2倍。2001年10月25日，嘉兴市环境保护监测站监测的数据表明：盛泽镇麻溪茅塔村暗管上游的水质就比较好，化学需氧量每升15.8mg/L，而暗管下游却高达每升388mg/L。

据介绍，1996年发生了嘉兴渔民用死鱼堵住盛泽镇政府大门的事件后，盛泽一方开始治理污染，兴建了多个污水处理厂，但是有内行人指出，当时盛泽在印染业的治污标准上做了手脚，把在其他城市实施的印染业治污一级标准，自降为二级标准。这样一来，在别的城市印染企业治污达标一吨水要3元，在盛泽只要1元钱。一些被其他城市赶出来的印染企业，开始选择到盛泽扎根，以致形成了排污量大而达标量少的恶性循环。还有不少私营企业为了盈利，专门排设暗管，不作处理，直接排污。这样的情况下，一度守法的国有企业失去竞争优势，被迫改制，改制后的企业变本加厉地排放污水。当地政府被经济发展冲昏了头脑，忽略了环保意识。事情发生后，盛泽镇政府仍然称，他们的23家厂全部经过污水处理，每天的排放量是12吨。而事实是，盛泽镇政府把多家企业挂在同一公司名下，少报污水量和企业数。2001年12月2日，时任国家环保总局环控司司长的陆新元在检查完盛泽的印染企业后说："各个企业用水有多少，谁都说不清，调节管都在地下，调节池又小，半个小时就满了，污水处理厂的数据不真实。"2001年10月30日，江苏省环保局突击检查，结果发现有污水处理设备的30多家厂无一家达标，8家超标一倍，3家超标四倍，江苏省报告称"这是属于肆无忌惮的集体超标排污的严重违法行为"。

所以堵河事件发生后，当地的居民拍手称快。当水利部牵头组成的调查组认为嘉兴违法、下令嘉兴方面马上拆坝时，嘉兴市的渔民和群众坚决不同意。2001 年 11 月 24 日，在嘉兴召开的两省边界水污染和水事矛盾协调会上，江苏、浙江两省和水利部、国家环保总局 4 家单位达成了调解意见，协调意见规定：江苏省苏州市政府立即对重点污染地区盛泽镇所有超标排污企业责令停产，并依法予以处罚，同时立即查封排污暗管。浙江省嘉兴市政府立即组织拆除 2001 年 11 月 22 日凌晨麻溪港堵坝，恢复河道原貌。2001 年 12 月 4 日，按照协议要求，嘉兴方面开始拆坝，几十个渔民躺在推土机前，声称要用生命来捍卫生活环境和生存权利。

不过这次民间冲突，惊醒了盛泽地方政府官员。在麻溪港被堵后，水位迅速上升，大量污水回流，灌进了盛泽一些印染企业的生产车间。

所以当盛泽方面认识到问题的严重性之后，治污工作开始有了转机。当年底，苏州市政府和嘉兴市政府，吴江市政府和嘉兴秀洲区政府正式建立了边界水污染防治联席会议制度，苏州市政府还拿出了《吴江盛泽地区水污染治理限期整改方案》，对盛泽所有的企业实行轮产，控制排污总量。为了实现盛泽污水日排放量控制在 10 万吨以下的目标，盛泽强制关闭了村联印染有限公司，淘汰了 288 台印染设备，另外还搬迁一家企业和 100 台印染设备，削减排放总量，各污水处理厂全部安装污泥压滤机，对污泥进行干化处理，在 7 个排污口安装在线自动监测仪，实行 24 小时远程自动监控。2002 年 2 月 7 日，边界水质明显改善。由两个城市的环保、水利、农经等部门组织的水污染防治协调小组同时建立了边界水环境信息通报机制，并且在每周四，由两地环保部门联合采样。经历过触目惊心的困境和难缠的纠纷之后，江浙两地同样遭受污染之害的两个水域边界城市，终于并肩站到了一起。

环保期待春天

2010 年 9 月，我通过时任嘉兴市领导的沈雪康和杨荣华了解到，在这些年持续不断的治理下，水质已经明显改变。但是对于城市的结构性污染，产业结构调整还需要一个过程。在这个过程中，首先要具备的还是环保意识。没有这个根基，治污无从谈起。在美国城市的发展历史上，就曾经发生过这样的例子。美国女作家蕾切尔·卡逊（Carson）在 1962 年出版了《寂静的春天》（Silent Spring）一书，提出土地河流造成的污染已经影响到食物链、鸟类、鱼类，呼吁要重视这些化学污染，重视人类健康的未来，但是遭到一些企业巨头和与他们有着密切联系的政要的攻击，直到 20 世纪 60 年代末，美国的环境污染问题加剧之后，才开始立法重视环境污染问题。

而在中国的长三角，江浙两地长达十多年的水污染纠纷促成了所涉城市环保意识的提升，这是值得庆幸的事情，但是我们反过来想想，在中国经济最发达的区域，突破环境污染困局尚且需要如此漫长的过程，在其他坚持“GDP 才是第一要义”的城市，环境污染现状可能更让人担忧。有专家分析，在当下，由自然因素引起的环境变化正转化为由人类因素引发的环境变化，而个别地方政府行政管理不力，以邻为壑，是导致环境冲突爆发的因素之一。2007 年，全国因环境污染事件被追究刑事责任的只有 4 人。

环保执法难的背后是利益之争。最大的受益者是污染企业和地方政府，最受折磨的是当地居民，而最大的受害者，则是中国正在成长的年轻一代。

造成城市拥堵的是建筑

CHENG SHI BEI JING XIAN

如果外地人或外国人第一次开车进北京，他能够只凭着一张北京地图找到天安门和“鸟巢”吗？为了测试北京的交通状况，2008年6月22日下午，《中国国家地理》杂志专门从内蒙古、河南、山东等地以及伊朗驻北京大使馆邀请了几位测试者，让他们分别从京张高速、京石高速、京沈高速和机场高速开车进北京，按照事先设定的路线，找到天安门、鸟巢、中国科学院奥运科技园区等不同的目标建筑，最后再汇聚到杂志社。

结果是3个外地人、两个外国人在北京开车全都走错了。测试结果表明，绕路最多的竟然比百度地图上显示的最佳路线多开了91千米，绕路最少的也跑了近30千米。而让他们集体晕头转向的，就包括立交桥设计不合理、交通标志指示不清晰、高架桥出入口少等几项因素。测试结束后，城市的立交桥被认为是此次测试中最容易致人迷失方向的建筑。城市变化之快，就连当地居民都分不清，更别说那些不是长期生活在北京的人。

“迷人”的城市立交桥

北京是世界上立交桥最多的城市之一，城区到处凌空飞架的立交桥看上去千姿百态。但是从通行的状况来看，北京的立交桥并不算十分顺畅，那些存在经常性拥堵的立交桥，无论是规划设计还是交通设施都是备受质疑的。

从1974年到今天，北京的立交桥已经发展到178座，遍布五大环线和主干道，可是拥堵似乎并未解决。一方面是因为北京的机动车增加得太快了。据官方发布的消息表明，机动车月增过万辆。不过在有关专家看来，机动车拥有量增加只是造成交通拥堵的一个方面，为了满足大流量路口交通疏导而建的立交桥没能发挥更大作用才是真正的问题所在。这就是为什么很多城市立交桥建成后，交通反倒更加拥堵的原因。

北京的立交桥，有些结构过于复杂，很容易产生混乱。比如北京著名的西直门立交桥，设计单位只是考虑到主要交通方向的机动车，而对支流方向过来的转弯机动车，没有采用最便捷的直接右转，而是设置了盘桥环绕，人为地造成车流量的增加。同时因为进出口的设置不合理，增加了汽车在桥面上的停留时间。当然，有些立交桥修建时会受到城市规划的局限，比如一座立交桥最初设计路线时，城市规划可能没有调整和变化，但是当立交桥建成后，城市某个区域的规划方案却开始变化了，这样就会导致已经修建起来的立交桥刚一诞生就受到局限。

作为连接立交桥的道路系统，原本应该充分考虑到路桥的衔接和通畅问题，但是北京市的城区交通并不那么完善。比如从大屯路到西直门去，沿着京藏公路（原八达岭高速）往南，到德胜门要右转前往二环，必须先下高速，过红绿灯口。原本高速行进的车到了这里一下子减速慢了下来，车都拥堵在主道上，桥上面的车下不来，慢慢地就越堵越长。当初的设计者为什么不考虑用高架桥直接把高速和二环连通上呢？就像从二环西边来的车辆可以通过德胜门桥的高架桥直接驶入京藏公路一样。

另外，一些立交桥的交通灯和路标设计不合理。进入立交桥附近区域时，方向指示牌少，有些还没有提前摆出来，让人不知道具体指向的是哪条道，临到路口时才发现指示牌，已经来不及转弯了。比如从首都机场回清河，在林萃路立交桥出口总会错过，这样就不得不直奔京藏高速，先从北五环进入京藏高速路，再走四五百米才能从京藏高速清河小营出口出来。浪费时间不说，每位司机还要为这四五百米路段多缴 5 元的过路费。反过来，从清河小营沿京藏高速上北五环，无论是往东边的机场方向还是西边的香山方向，照旧是要从清河小营的收费口进去的，上地环岛往南，也没有进入五环的入口。这可能是当初设计就不合理。或许交管部门已经意识到这一点，现在情况有改善，离林萃路出口 2 公里远就有醒目的指示牌。据说北京采用的是和国际接轨的“三级路标”，就是在立交桥两个方向距出口 2 千米时就设置标志预告出口，然后在距离 1 千米和 500 米处又分别进行第二次和第三次预告。不过因为北五环的出口实在太少，每到下班时间，北五环上有时也会排起长长的队伍。

大院构筑的交通壁垒

除了路桥设置不合理、以及车辆增多带来的交通拥堵外，另一个造成北京拥堵的因素却常常被人忽略，那就是形形色色的北京大院。有人甚至说，北京的大院和北京的交通拥堵，是这座城市的两大特点，却也互为因果。记得《中国国家地理》杂志执行总编单之蔷先生在谈到这个问题时曾经说过：“大院文化作为中国人心中的情结和实际上的城市规划，与城市交通的对峙日益严重。从故宫形式演变而来的大而全的大院文化，修筑围墙以获得安全感的思维定势，以及城市摊大饼模式发展的惯性等，使北京成为一个新大院和旧大院林立的城市。”

据中国城市规划设计研究院总规划师、教授级高级城市规划师杨保军介绍，从1949年以来，北京先后开展了6次大规模的城市总体规划编制工作。1953年提出的新规划沿袭了莫斯科的思路，采用单中心加放射型路网的模式，在城内特别是郊区安排了大量工业。此外，各类机关大院陆续兴建。

比如在北京的老城区，各种党政机关都有自己的圈子。家属区自然也有自己的圈子，除了行人偶尔能进，外界的车辆是一律无法穿行的。有一段时间，北京曾尝试推行拆墙透绿，但效果并不明显。

在北京高校集中的区域，事实上也构成了相对封闭和独立的学院大院。与国外的开放性办学不同，中国的高等学府大多是一种圈养。像住宅小区一样，所有的院落都被高墙隔离着，最多在东南西北各辟开一个大门，外边的车辆很难获准从校区穿行，所以我们在高校云集的中关村地区常见的现象就是，交通高峰期时，斜插在车队当中的公交车和趁机加塞儿往前赶的小汽车一起，交织成一片杂乱的街景。

人们熟悉的国企大院也是一样的，计划经济体制下的国有企业本来就是一个典型的小社会，这些企业少则几千人，多则几万、甚至几十万人，建设模式上通常整体“克隆”苏联工业企业规划布局，厂区、家属区基本同在一个较大的区域内，是一个独立的区域。有些大院内部甚至都有自己的交通岗和交通信号灯。

还有被称作“睡城”的大院，比如北京的天通苑，它进入市区的道路很有限，只有城铁和绕行回龙观、京藏高速辅道等区域的公交线路，以及刚刚开通的林萃路。林萃路能够起到分流京藏高速车流的作用，但是随着越来越多的车辆选择这里，这条路上过多的红绿灯设置，让它成为跟京藏高速辅路通行速度一样缓慢的入市口。

居住在“睡城”的人不得不忍受这样的苦恼：白天，无数上班族穿过硕大的社区走向地铁站，夜晚，再穿越繁乱的街道走回隐藏在楼丛里的家。遇到上下班高峰，不仅城铁拥挤异常，很多汽车通行路段行进得都很缓慢。

前几年北京以摊大饼的方式迅速扩张，近郊兴建了不少跟天通苑一样规模巨大的居民新区，但是生活在那里的人，需要长途跋涉进入市区工作，它们为什么没有建立和培育城市功能呢？

我曾就此问题向清华建筑设计学院院长庄惟敏教授请教，他说，北京的城市建设跟最早的规划有关，当年否决了“梁陈方案”，继续在紫禁城发展，这就造成在那个区域形成了环路，城市和交通过不去，只有行人可以穿越。而郊区那些新建的大型居民社区，除了土地利用、交通、污染等问题外，社会配套设施本身也是失衡的。不过现在政府在这个方面已经采取了一些措施，比如新建综合居住区时考虑它的混合功能等。

而那些在郊区用建筑围堵起来的旧社区，因为出入口较少，不得不继续忍受出行的不便。很多住宅小区，一般只开两个门，一个进，一个出。或者既是进口又是出口。每天上下班的时候，堵在小区门口的车辆排起长队，司机的咒骂声和喇叭声混合在一起，杂乱喧嚣。而到了节假日，拥堵情况就更严重了，记得 2010 年中秋和国庆节前后，因为车辆不限行，上下班高峰期间北京城区交通每天都暴堵数次。比如 9 月 19 日，是北京汽车保有量突破 451 万辆之后的第一个不限行的工作日，暴堵再超极限，到上午 9 点，各条城市主干道和城市快速路上，时速低于 20 公里的路段还有 88 条。而那些天，交通晚高峰通常从下午三四点就开始，一直到晚上 9 点还不一定结束。

“北京交通都集中在主道上，没有支流，把车道都挤掉了，很多社区、居民区和大院又把城市隔离了，显现出对市民的不友好，很容易造成目前的拥堵现状。”

曾经有专家建议，那些通过城市规划而形成的大院，内部蕴藏着很大的交通能量，完全可以成为舒缓城区交通拥堵的通道，或者像北京动物园对面的公交枢纽车站一样，用无数高大的柱子把建筑支撑起来，下面的空间，则成为汽车停放和行人穿行的通道。但事实上，这种做法是不太可能实现的。人们希望政府通过改造公共建筑和交通来提升城市生活质量，不过现有的城市设计是滞后的，许多只停留在建筑物上，只知道让高楼一栋栋地排列过去，但却忽略了一个关键问题，那就是街道还是断裂的。

交通优先和城市的人情味

CHENG SHI BEI JING XIAN

在经济快速增长的中国，城市道路的增长是永远也赶不上车辆增长速度的。中国城市私家车的保有量这两年飞速增长，一些城市不得不采用限号等措施改善交通状况，但是这边刚顺畅几个星期，原本空置的道路又被新增加的车辆填充了。主干道、自行车道都被机动车侵占得一塌糊涂。面对这种情况，一些城市倡导市民选择公交绿色出行，但是，因为缺乏合理的线路规划和完善的公共交通，城市快速公交系统也没有建立，许多上班族并不愿意在候车和路上花费更多的时间。

地铁图

作为首都的北京，其实也存在类似的问题。北京的地铁与上海等城市相比，无论是通车里程、通行区域、车辆舒适度还是换乘的便捷程度都不占太多优势。另外，呈井喷状增长的私家车，给原本拥堵的市区交通带来了更大压力。尤其是最近一年来，几乎不分早晚，交通高峰时主干道上总是缓慢蠕动着形形色色的车辆。站到天桥上看，通常能看到拖着长长车体的公交车在那里斜插横打、寻求突围，而私家车、公务车紧跟其后，见缝插针的情形。汽笛声鸣叫得让人心焦。

或许大多数人会觉得，又有哪个大城市不堵车呢？因为是首都，为配合领导视察、市政和文化工程建设，道路限行是常有的事情，客观上也造成了北京交通的拥堵局面。可是这也凸显了政府服务理念的不同，这种不同导致了服务体系建设的差异。

比如从公共交通设施上来说，北京要比上海差很多。上海的轨道交通，在国内的诸多城市中是最完善的，地铁一号线二号线、轻轨明珠线和周边轨道交通交错呼应，快捷便利。如果住在莘庄的人要赶火车的话，提前四十分钟乘上地铁一号线，保证不会误了火车。从火车站出来，不远处就是地铁入口，广场上熙熙攘攘的人群，在很短的时间内就能进入地铁，迅速分流。而在北京西客站是无法想象的，无论任何时候，进站或出站都比想象的要难一些。有一次我从北五环的清河小营赶往北京西客站，早上 9 点坐上车，差不多一个小时后才到中关村，再换乘另一趟直达西客站的公交车。这趟车走走堵堵，竟然走了两个多小时，下车后我发现离火车发车时间仅有半个小时，而且这车是停在南广场的，必须再绕到北广场附近的进口去。入站口更是人头攒动，就开那么一个小口，前面缓慢蠕动，后面急切地推搡，大包小包拉扯在一起，乘再好的车都会觉得是种折磨。

北京西客站的建筑看起来很有气势，结构却繁复臃冗，地下通道简直像迷宫，漫长曲折，走几步就要核实指向标志，通常让人走上走下，痛苦不堪。我觉得从车站的乘客滞留度上，可以看出城市规划者的能力，任何城市的车站，都不仅是输送外地游客的通道，它跟市区交通通常环扣相连，一个节点拥堵，其他支流都会受影响。很显然，公众对北京公共交通规划的滞后是担忧的。且不说北京现在开行的部分地铁是如何的破旧和落后，发出巨大声响的电扇在头顶呼呼作响，车辆里照旧闷热。作为京九铁路上的终点站，竟然没有一条地铁是直达北京西客站的，这不免让人有些奇怪。不过现在，连接西客站的轨道交通正在施工，可以预见，这个区域的人群输送将会快捷很多，因为从运输能力来说，地铁或轻轨是快速输送能力最强的公共交通工具，能够有效缓解周边的交通压力，达到疏导交通拥堵的目的。从便利性上来说，住得远的乘客也不用反复换乘，紧赶慢赶了。

目前的这种情形，只能说明一点，那就是这个城市的交通规划者缺乏高效的服务意识。另外，从对普通乘客的人性关怀上来说，也远远落后于上海。去过上海的人都知道，上海地铁的舒适度和整洁度明显强于北京，公交车的开行上也替乘客考虑得很充分。比如车厢很低，踏板几乎跟候车平台同高，甚至残疾人的轮椅都可以不借助他人的帮助，直接从平台进入车内或者下车。这一安排真是充分体现人性化。中国很多城市的公交车眼下还停留在让乘客“仰视”的阶段，比如郑州，除了新开行的 CRH 快速公交外，大多数车辆还是车门高悬，因为采用了无人售票的投币系统，乘客必须前门上后门下，但是前门是那种折叠式的，向一边单向开启的宽度不够，车门后还设置着至少两级台阶，离地面的距离足有一米，而且有些台阶还是不规则的。所以经常可以看到上了年纪的乘客，站到很高的脚踏台阶上，拽着栏杆吃力地从很窄的车门里挤进来，让人看了既难过，又影响通勤效率。

毫无疑问，这是服务意识的缺失造成的。一个城市，无论是其提供的基础设施还是管理方法，首先都要考虑人的需求，这是很多人都能明白的道理。但是看看一些城市的作为，让人觉得难过。比如有些城市为了不让流浪汉躺在公交站台的候车椅子上睡觉，竟然把椅子设置成很窄很陡的面，人往上一坐就往下滑。

同样值得商榷的还有城市对居民社区的管理，个人认为，居民社区完全可以采取一种更安全的模式，实现自我管理，但是现在个别地方把百姓想做的和百姓不想做的都包办了。2010 年上半年，媒体披露，北京大兴区西红门镇出现了第一个实行社区化管理的自然村，它与城里的小区一样，村口也设有门禁系统，所有人员、车辆进入必须出示证件。上面登记的项目除姓名、性别、民族等信息，还有原籍、在京职业、身份证号和手机号。报道说，实行社区化管理以来，通过“建围墙、安街门、把路口、设岗亭、人车持证出入”等措施，这个村已连续三年实现刑事案件零发案。目前，大兴金星地区 16 个村庄已全部实行社区化管理，社区民警、村庄专职巡防队员、流动人口管理员共计 414 人已全部到岗开始工作，监控探头、监控终端等技防设施、设备全部安装到位。这种村庄社区化管理方法，使犯罪率大幅度下降，也因此受到了公安部和北京市委主要领导的赞赏。

这被视为北京推行的“村庄社区化 加强社会管理”创新模式，但这种管理方法是不是还可以做到更好，恐怕只有时间可以验证。

工程转包和中国式程序

CHENG SHI BEI JING XIAN

在2009年3月的全国人大会议举行期间，全国人大代表宗庆后曾经提交专门议案，剑锋直指中国建筑工程中存在的分包和非法转包现象：认为转包导致施工方降低成本甚至偷工减料，给工程安全带来极大隐患。

事实上，这种现象在目前的中国并不鲜见。高速公路刚通车不久就发生塌陷；一些重点桥梁还没交工就裂缝或者使用不久就发生垮塌等。通常在这样的事故背后，都会有一些违规施工及违法问题被披露。这让很多人意识到，在建设领域，大公司通过竞标拿下某个城市基建项目，然后通过转包方式分发出去的模式，已经成为大家心知肚明的潜规则。

在快速的城市化建设过程中，拥有资质的大公司对一线技术工人的需求量，通常不一定得到满足，于是他们就会把目光转向那些具有资质的小公司，而小公司分到业务之后，再交给那些施工队甚至个体户。中国的城市化催生了很多这样的建筑施工和装饰工程队，有些是挂靠到有资质的工程公司下面，自己招揽施工人员；有些基本上是“借壳上市”，以有资质的公司名义拿到项目，再向公司缴纳一定的管理费；还有的甚至是个体承包人，他们先以个人名义从项目部拿到工程，然后组织工程人员施工，双方利益均沾。这种状况，无疑会造成监管漏洞，另外，项目经过层层分解，逐级剥利，到了最下端，利润通常是最小的。施工方就不得不通过偷工减料的方式保证自己的收益，这样一来，工程质量自然难以保证。

这也就是为什么在很多桥梁和道路建设中，频频出现垮塌等事故的原因。杭州地铁施工段塌方事故是被媒体披露的重大安全事故之一。根据2008年11月19日国务院安委会办公室通报的情况，杭州地铁一号线湘湖站施工段事故暴露出五个方面的问题，地方政府难辞其咎。更重要的是，生产过程中的管理存在许多问题。其中最引人注意的，就是项目的违规转包问题，而且是层层转包。到事发时，从施工方到承建方，湘湖站项目已经转手了四次。

抛开转包问题不说，重大项目工程不靠技术指标验证，很容易为工程事故留下隐患。2007年8月发生的凤凰大桥垮塌案，事后证明从建筑设计、施工到监管等各个环节都存在疏漏。2007年8月13日下午，湖南省湘西土家族苗族自治州凤凰县正在建设的堤溪沱江大桥突然坍塌，事发后人们在现场看到，整个桥体除桥墩断成几节外，其余部分几乎全部成渣状落地。后来经过国务院组成的事故调查组调查认定，这起造成64人死亡，22人受伤，直接经济损失3974.7万元的大桥垮塌事故是一起严重的责任事故。原因涉及大桥主拱圈砌筑材料未满足规范和设计要求，拱桥上部构造施工工序不合理，主拱圈砌筑质量差等问题，调查组将事故责任归于勘察设计单位、施工单位、建设单位、监理单位和质量监督部门，指明上述各方存在严重违规、失职和管理漏洞等问题。

很多人在欷歔之余，或许很快就会忘记那些发生在过去的因为工程质量造成的灾难，或许他们会被新的灾难吸引而转移了注意力，但是因建筑质量或者管理秩序混乱导致的灾难性后果，一定会持续影响今后的生活，比如很多家庭装修造成的环境污染，因为它的影响范围和区域更广。很多市民买了新房子基本都要装修，并懂得寻找正规的装修公司，但是有一些装修公司却在私底下把工程转包给包工头，包工头再带领工程队，一般是由自己的老乡或者亲戚组成。这样必然会导致装修材质和工程质量大打折扣，最终受害的还是消费者。

无论是城市的基建项目还是家庭、办公场所的装修，其间存在的转包问题和疏于监管的漏洞，或许是快速的城市化带来的，萝卜快了不洗泥。许多原本不走转包路线的正规公司，在人力不足、竞争加剧等情况下，也会出于管理成本及利润等多重考虑，实行让人诟病的转包模式，最终导致问题层出不穷，最后，就连他们自己也无法控制了。

房价和民生的纠集：政绩工程、商业开发与百姓利益的矛盾

2010年9月，开发商似乎从气势上如愿迎来他们所期待的“金九银十”。统计局的最新数据表明，这年8月份中国70个大中城市房屋销售价格同比上涨9.3%，全国30个城市中有26个成交面积环比上涨，其中11个城市上涨幅度超过50%。京沪穗深四个城市的楼市自调控以来首次集体飙升，成交量大幅上涨。而国内一些媒体也跟风报道说，大多数国内主要城市的商品住宅市场呈现出自4月份调控新政以来最明显的回暖迹象。

消息一出，原本等待观望的购房户，也忍不住出手了。他们担心的是，假如房价像2009年突然反弹那样形成新一轮的领涨风暴，那么家庭购房可能面临更大的还贷压力。但是有些清醒的人士却对媒体“楼市回暖”的报道表示质疑。因为根据2010年9月北京秋季房展会反馈的消息，这届展会只吸引了100多个楼盘参与，其中北京本地的项目不足四成，参加展览会的人也比以往少了许多。只有部分投资客对海南、河北、天津等地的项目表示了兴趣。著名的财经评论人牛刀在博客撰文说，认为“楼市回暖的消息是开发商给炒房客下的套”。中央政府的调控政策没有收手的迹象，开发商面临崩盘压力，“所以开发商继续拉高出货，把杭州、上海、深圳等各大城市的房价，再往上抬一把，让炒房客跟风杀进，这就是我们看见的

这两周成交量有所放大的本质原因”。而房屋的成交量，绝对不会超过调控政策实施前的数字。开发商在偷换概念，比如“某个城市日均成交量由上两周的80套左右上涨到140套左右，涨幅接近60%，但是，与新政前日均成交量500套左右相比，还是只有三分之一多一点”。

我们有理由相信这些判断，可问题是，为什么那些“暖风”吹得这么邪乎，让那些原本等待观望的人坐卧不安的背后，究竟隐藏着多少个只盯着房地产商的广告费，却忽略了社会责任的媒体，以及与开发商有着利益纠葛的所谓经济专家的影子？

媒体是推升房价的帮手

当下楼市价格飞涨，固然有房地产商和资本投机者共同推动的原因，也有所谓专家、教授在推波助澜，他们捆绑在一起，成为普通民众甚至政府无法撼动的利益联盟。同时，大家也忽略了一点，在这个巨大的利益集团中，很多媒体充当了并不光彩的角色。在一手收取广告费，一手炮制房价还会上涨的舆论中，我们所能留意到的事实是，版面上充斥着地产热销广告，报道中也是对地产开发商连篇累牍地吹捧，媒体通常不顾房价依然飞涨的事实，反而接受资本的暗示，强调调控见成效了。

至于房屋管理部门呢，通过媒体发布房屋上涨数据，本意是“安抚”群众，但是那些发布的数据看起来比老百姓掌握的“实际销售价格还低”，这让被困在价格攀升事实当中的民众更加相信，房价还会再涨，从而出现了恐慌性购买的行为。而那些资本投机者也趁势而入，以包揽房源的气势，加速了投机资本的升值进程。

这样一来，每个楼盘看起来都是抢手的，每个楼盘又都有大量空房存在。有些楼盘开发了五六年，很大，房子早已经卖完了，入住率却不到六成，尤其是那些高层，每当夜幕降临，窗户都是黑的，十几层的楼里通常只有两三层有灯光，但房价却还在一直涨。

比如在中部城市郑州，2006 年 8 月有个双气楼盘开盘，高层 3000 元 1 平方米，第二天就涨到 3100 元，之后以每天 100 元的速度上涨，到 2007 年 7 月底已经涨到每平方米 4300 元，是官方发布的统计数据的几倍。

可是利益集团的代言人完全不理会这些，照例通过大众媒体、网络、博文来鼓吹地产的坚挺。2005 年底到 2006 年期间，我曾在某媒体的房地产工作室待过短暂的几个月，但是接触到的情形却让人咂舌。我发现真正鼓吹房价不会下跌的人，大部分都是跟地产商有着紧密往来的地产研究机构的负责人，或者是大学的经济系教授，他们经常会被开发商邀请到某个理财或者购房论坛上发言，当然，他们的出场是有报酬的。

专家瞎说一通之后，接力棒交给了媒体地产专刊的采编人员，其实就是广告业务员。为了获得开发商的广告签单，大家无一例外都会看开发商的眼色行事。真正想站到公正、客观立场上揭露地产销售猫腻的记者，多半是徒劳的，稿子还没写出来，开发商的一个电话就能让报道胎死腹中。

不过要是没有看准的话，媒体是不会冒这个风险的。有背景的地产商通常很硬气，媒体不小心开罪它的话等于自绝于“资本”，会被这家地产商彻头彻尾地抛弃，从此别想得到半点好处。

不管百姓对房价的恶涨如何深恶痛绝，媒体照旧推波助澜，煞有介事。善良的群众被蒙蔽了，以为房价会一直大涨，现在不买，将来永远也买不起了。是的，不可否认，从中国大城市的发展趋势来看，每个地方都面临人口膨胀、资源紧缺的压力，土地资源更是稀缺，房价肯定会不断攀升。但问题是，商品价值总要跟人们当下的收入水平保持起码的平衡和同步吧，一套房子本来应该在50年后才涨到今天的价位，但是它却在现阶段实现了，而且房价高得离谱，这是很不正常的。我想大家可能都有这样的感受，有时候你很明白这里面有泡沫，可还是会担心它继续往大里吹，将来更是买不起，所以不得不硬着头皮继续跟进，把中国老百姓几代人的积蓄全部搭了进去。这就是媒体煽风点火造成的“恐慌性”购买恶果。

当地产成为肥肉

如果有人站出来说，中国房地产热销都是刚性需求，根本没有投资客，那是忽悠人的。在我的身边，普通同事有很多都是炒房客。在上海，2004年经历房产调控的时候，一个手中握着三四套房子的同事就很着急，怕房子砸自己手里，四处向人询问要不要抛出去。在北京，一个普通的科研单位就有很多人是标准的房屋投资客，少则购买了两三套，最多的在北京比较好的地段握有八九套房子，多余的房子都在出租。当然，他们都是房价“一定不会下跌”的坚定支持者。

身边的普通人都知在房地产行业逐利，那些通过权力置换或者市场博弈先富起来的人，也一定不会寻求其他投资渠道，会大量进军地产，把房子当做一种商品，像炒作绿豆、大蒜那样轻易地炒高房价。然后，个别掌握土地或者建设资源的人，会跟那些本身就是利益联盟一分子的专家出来继续忽悠，说真正投机的人很少，买房子都是刚性需求。

中国自2010年初实施了最严厉、也是持续时间最久的调控政策，这期间，颁布政策的部门和房地产群体都在博弈，如果稍加留意，会发现在这个过程中开发商、媒体，还有一些所谓的地产专家，甚至金融机构都在竞相表演。个别专家纷纷抛出房价不会大跌的观点，与地产商有着千丝万缕联系的机构，一边试探性地一点一点地抛出优惠措施，一边作出所谓的压力测试，表明金融机构只能承担房价下降30%的底线，一副讨价还价的嘴脸，就是不见房价实质性的“退烧”。

而这边，中国的服装、家电以及医药、教育等各个行业还都在高调进军地产。在心照不宣的行动里，昭示的事实依然是，中国的房地产就是最赚钱的行业，它们看好这块市场并也要进来分一杯羹。为什么调控政策接二连三地出台还有人往圈里跳呢？为什么有人不盖房子却要圈地？为什么房价一直走高就是无法理性回归呢？可能这一切都还跟政策有关，除了大众所说的投资渠道有限之外，调控措施和力度是否到位也很关键。当下的调控政策是期望房价回归理性，政府并不希望它一跌到底，原因就是有专家在那里鼓吹，说房地产已经成为中国经济的支柱，打压重了会让中国经济崩盘。可是他们不去想想，是谁在导演房价不断上涨的荒诞剧？本来只是满足人们居住需求的住房，怎么在这么短的时间内被推举到举手投足就能影响国民经济的支柱地位呢？

在中国，房地产在近些年成了不折不扣的支柱产业，很多地方政府担心调控力度过大会对经济发展造成损害，所以对国家的地产调控政策执行并不是很到位。在国家层面也是这样，往往这边调控大棒刚刚举起，那边马上就有机构放出话来，说他们已经对金融机构做了风险压力测试，银行能够承受房价下降的幅度是百分之三十。话外音当然谁都可以听得出来，摆明了是要告诉国家，如果房价过度下跌，将会造成很多个人住房贷款和开发商的贷款无法及时归还。

可事实上，中国的地产开发商是不缺钱的，在一波一波的上涨潮中，很多人早已赚的盆满钵满。更何况，在庞大的利益集团当中，还有许多国字头的企业，比如近年在中国一些城市陆续出现的“地王”，其中竟有大半为国有企业。进入地产的国有企业主要有两类，一是国资委直属的大型企业，二是地方政府的资产经营公司。对他们而言，最不缺的就是资金。另外，中国一些服装制造业和家电业巨头也觊觎地产市场的利润，纷纷大举进军地产市场。这些国有或民营资本，拥有把土地资源转化为更多资本的超强运作能力，也最终会成为城市化中最大的受益者。

空置　空置

CHENG SHI BEI JING XIAN

北京曾有出租司机利用出车时间，在晚上八九点实地调查北京一些住宅，制作了一份空置率的报告。最近也有一些高校老师带领学生在做类似的工作。他们的统计手段各种各样，有的是电表、水表、燃气的读数，有的是根据物业费缴纳情况，有的就是最直观地记录特定时间段的窗户亮灯情况。尽管不那么严谨，但相信空房大量存在。只是因为口径不一，怀着不同目的的人又都有各自的媒体渠道，所以发出的声音杂乱，让人倍感迷茫。

其实不用统计，身边有多少空房大家都能感受到，数据很重要吗?

在中国大中城市，新的楼盘开盘几年，房子是早已卖光了，真正有住房需求的人去看，果真是没有房子可卖的，但是到了夜晚，那些小区的灯火却是稀稀疏疏，显然是没人入住。可是等到国家调控政策一出，这个时候再去地产中介看，想要那个小区的房子，一定会有。地产政策成了投机资本的风向标，而楼盘的入住率又见证了城市的发展。2001 年左右，郑州东南区域开始发展，航海东路陆续出现了金色港湾、富田太阳城等一些楼盘。但是从 2002 年初交房之后的两年内，基本没有几户人家入住。到 2006 年左右，房价上涨速度很快，这里的小区入住率都上去了。尽管也有七八年来一直没人装修入住的房子，但总体的入住率也达到 80% 左右，当然很多是外地在郑州做生意的，或租或买，只有逢年过节那段时间，才能看到那房子是空置的。

但是在2006年之后开发的楼盘就不一定以自住为主了。金色港湾的大二期，号称是蓝钻级的，2006年初开盘的时候，声势浩大，开发商安排了几辆豪华大巴，让排号的人等候时休息，里面也有不少真正需要房子的人，但价格出来后，很多交完定金的人也选择了退却。开盘4000多元，在郑州还是让人觉得有压力。

2008年左右，我看到开发商的售楼中心打出清盘销售的字样，也就是说房子卖了两年。当然，如今房子肯定卖完了，问题的关键是，卖出去的房子很多是空置的，反倒是二手房交易网，会经常看到关于那些小区的房子转让的信息。新房没有入住就进入了二手房市场，不是炒作是什么?

再看北京，奥运会带动了城市基础建设的发展，让原来偏僻的洼地都因为场馆的存在而成了寸土寸金的地方，房价当然也是一路攀升。奥运会之后，奥运村周边的住宅每平方米均价一律不低于3万元，就这样那些房子也早已经卖完了。但是有人住吗?无论是国奥村还是周边的一些新住宅，每当下班路过那里看到黑漆漆的楼群我都忍不住会想，究竟是哪些人买到了这些房子呢?他们难道不需要住的地方吗?但是后来我明白了。在调控政策紧缩的这段时间，无论白天还是晚上，那些小区门口到处都是高举牌子的年轻人，牌子上写着“现场看房”字样。他们是被中介拉来招揽客户的，有时候他们会趁车辆等红灯的时候冲到马路上推销。

为什么我们不能正视这样的现实?空置率调查有那么难吗?

紧邻北京的天津，住房空置率也受到关注。在空置话题最热的阶段，大量媒体注意到这个问题，空置率最多的被揭露出来。天津的一些新城，比如能容纳六七万人的红磡领世郡住宅项目，它的面积甚至超过天津市的中心城区，开发也有六七年的时间了，但是入住的人少得可怜，小区商业配套设施稀少，医院和小超市也很冷清。但是很奇怪，跟周边的其他小区一样，这里的新房子几乎销售殆尽。想买一手房似乎是没有的，而到了中介公司那里再看，挂牌出售的信息中显示，这个小区有几百套二手房可供出售。

房价一直上涨，无数业主都在观望、等待更大的上涨空间，有了风吹草动，耐不住性子的炒房者开始挂牌抛售，所以二手房中介披露的房源信息，就是反映那些住宅小区空置率的晴雨表。

在资本进进出出的交易中，呈现在人们眼前的数据就是，楼房成交量又有上升，GDP 数字再次获得增长，而那些给人感觉应该住户满满的楼盘还是空的。这样的现状将会给城市带来怎样的伤害，恐怕不到崩盘的那一天，大多数人都不会正视它。

抽检中国建筑：在天灾和人祸面前

CHENG SHI BEI JING XIAN

这是《中国国家地理》杂志在汶川地震之后不久发出的报道，这是直击问题核心的追问。汶川地震距离唐山地震发生 32 年，城市建筑早已有了较大改观。但是发生在汶川的这场地震依然导致十余万人伤亡，大部分人是被倒塌的房屋直接掩埋的。大地震造成的重灾区有 3339 所学校需要恢复重建，四川全省（包括非重灾区）受损学校 13768 所，需要恢复重建 11687 所。

为什么会这样？在天灾面前，轰然倒塌的城市建筑竟显得如此不堪一击？杂志发出追问，人类赖以遮风蔽雨的房屋，何以不能提供安全感和保护？事后，应当地幸存群众和遇难者家属的强烈呼吁，国务院派出多位国内建筑抗震专家，解析房屋倒塌的深层次原因。对地震中倒塌的重要公共建筑，包括学校、医院、机关等建筑的资料进行全面分析。

但是现场的照片却不用过多解读，几乎是一目了然，有些建筑的钢筋比规定的细了几倍，随便用手折上几折就能折断，有些楼板里甚至没有钢筋，用手一搓上面的灰粉就扑簌簌地往下落。数层的大楼顷刻间就像豆腐渣一样倾泻下来，完全成为废墟。本应该成为生命和财产庇护伞的住房，最后却成了夺命杀手，真是让人悲愤。

是建筑的抗震标准有问题吗？国家在 2002 年实行了新的《建筑抗震设计规范》，这是自唐山大地震后国家第三次修订抗震规范，里面明确提出了我们现在常说的“小震不坏、中震可修、大震不倒”的抗震设计思想。“比如一座7度抗震设防的建筑，应该是在6度烈度时没有损坏，7度时可以维修使用，8度时则不应该倒塌伤人。”这些抗震规范实际上是从制度的角度强制性规范了城市建筑必须具备的抗震标准，“以确保城市在遭受相当于抗震设防烈度的地震时，能保持生命系统的正常和城市功能完好，在遭受罕遇地震时城市功能不瘫痪，要害系统和生命线工程不遭受严重破坏，不发生严重的次生灾害”。但是汶川地震造成的惨痛后果出人意料。本来新的《建筑抗震设计规范》，对建筑钢筋和箍筋数量、混凝土强度和施工要求等都极其严格，但是通过这次建筑倒塌暴露出的问题是，很多规范根本没有得到执行。本来建筑要考虑抗震设防标准，就要使用更多的钢筋和水泥，但还是有黑心建筑商为了追求更多利润，减少钢筋的使用量，甚至有人用竹竿等代替钢筋。而在一些建筑中，还有人使用经过翻新的钢筋。根据媒体的披露，在南昌青云谱区等地就有人专门从事旧钢筋翻新，他们将从建筑上拆除下来的废旧钢筋重新翻新、冷拉、切割后，重新流入建筑领域。而这种经过拉伸的钢筋，抗震性已经大打折扣。有专家指出，黑心建材的出现，是更多灾难的前兆，既是道德和监管的双重缺失，也是对民众生命权的漠视。

但是即便不遇到这些灾难，大家也不用觉得庆幸，因为中国的建筑寿命普遍低于发达国家。有关专家透露，目前瑞士、挪威等发达国家房屋寿命可达80年，英国房屋寿命更高达132年，而在现阶段，中国城市的常规房屋应该正常使用50年。可是令人担忧的是，“许多房屋可能连50年的寿命都达不到。由于建筑结构问题，许多钢筋混凝土的寿命不过25年左右”。

这真是奇怪的事情，中国每年消耗全球一半的钢铁和水泥用于建筑业，建筑数量庞大，但是那些用钢筋混凝土堆砌起来的建筑，寿命却还不及发达国家的一半。我想起了遗留在上海外滩的那些老建筑，以及苏州河上那座著名的外白渡桥。记得在几年前，上海相关部门还接到过来自国外设计机构的专函和建筑图纸，对方提醒那些建筑现在的使用者，他们设计建造的这些建筑，即将达到最长的设计使用年限，是需要按照图纸进行维修的时候了。

对比一下，中国的城市建设者应该对一些建筑的质量感到脸红。

人为活动增加给城市带来的地质灾害

CHENG SHI BEI JING XIAN

无论是国外还是国内，在城市人口高度集中的地方，无疑都面临着同样的问题，大量人口以建成的城区为中心，向外迅速扩展，最终形成庞大的居住群，土地承受的压力必将越来越大。

记得 2010 年 8 月我从温都尔汗去蒙古国的首都乌兰巴托考察，尚未接近城区就看到，连绵不断的肯特山脚下，到处是私人搭建的别墅和房屋，一片连着一片，密密麻麻，跟我们在草原上一天见不到几户人家的情况形成了强烈对比。而站在乌兰巴托市的中心广场向四面眺望，所见更是令人惊讶，只见周围的山坡上到处都是蒙古包和木板房，它们将城市严严实实地包围了起来。据说乌兰巴托有 150 万人口，占蒙古国人口总数的 80%，尤其是最近几年，人口更是激增。大量外来人口就在周围的山坡上搭建蒙古包和木板房，导致城市周围的草场和空地日渐稀少。而这样的建筑群落，因为缺少规划和合理布局，不仅容易在遇到泥石流等地质灾害时遭受损失，还会使生态环境迅速恶化。

类似这样的情况在国内城市其实也不鲜见。这表明在向城市快速聚集的过程中，人们减少了对自然和土地的敬畏之心，以致很多开发和建设处于一种无序状态。比如有人在本来是城市泄洪道的地方盖起了高楼，有人在海水有可能淹没的地方建造了观景别墅，还有人把山坡松软的土地平整出来建造了度假山庄等。

这种只顾自身利益、肆意违背自然规律的乱建现象，有时候很快就会受到惩罚。比如2010年8月，在广东肇庆市区的某个依江而建的住宅小区，一天之内竟然有7栋居民楼倒入江中，周围40多栋高楼也处在危险之中。据说从发现楼房裂缝、倾斜到倒塌，只有短短的数小时。这到底是洪水浸泡造成的滑坡地质灾害，还是建筑违规带来的灾害？尽管目前还没有听到确切的说法，但触目惊心的事实应该会让人们警醒。

可是城市乱建现象为何屡禁不止呢？比如郑州的一家开发商，竟然侵占了城市泄洪河道，建起了一栋高约45米的单体建筑，一栋高约30米的3联排建筑。在被爆破之前，建筑主体已经完工。这让人纳闷，违章建筑建造期间怎么就没人制止呢？据说当地监管部门曾经多次下达处罚和违章整改通知，但这两栋既无规划许可，又无开工许可的高达十几层的建筑，还是从无到有完成了施工，难道真的是监管不力吗？

这或许就是中国的个别城市建设，有些项目大家都觉得有问题，结果反倒会一路绿灯。比如我们经常可以在新闻上看到某个房地产商以廉租房名义拿到了土地却开发成别墅和高档住宅小区的事件，开发商似乎都在想方设法攫取短期利益，根本无视企业的违规行为是否会影响城市的有序发展。

有关专家说，有时候，一些人对城市环境的胡乱破坏，对自然地理环境的影响不可低估。

比如很多地方对原来的地形进行改造之后，在上面修建摩天大楼，根本不考虑是否会受到水土流失、滑坡、泥石流等地质灾害的影响；有的过于追求建筑的容积率、在建筑形式上求新求变，却缺乏合理规划和统一布局，而影响建筑的采光和通风；还有的随便改造城市河道系统，使城市排水系统功能受限，给城市环境造成污染等。他们只顾按照自己的意愿装扮城市，却让城市成了一个脆弱的孩子，一有风吹草动就会感冒发烧。

第五部分

沉思的中国：建筑造成了多少隔膜？

或许更容易产生让人乐见其成的城市生态。

人欲语还休，欲罢不能。学会思考，把建设与大自然交融，

但它又实实在在地扰乱着人们心理那份简单纯净的期待。让

城市化进程中有许多我们只能意会，而不能言说的事实，

城市让人舒心才是硬道理

CHENG SHI BEI JING XIAN

在2010年举办的上海世博会上，世博会主办城市提出的口号是“城市让生活更美好”。它所传达的本意大家都清楚，那就是我们所期待的未来，应该是“更美好的城市和更美好的生活”。

在经历了30年的高速发展之后，中国城市的面貌大多已焕然一新。层出不穷的新式建筑遍布城乡大地，越来越多的人搬进了不同的高楼大厦和居民社区里，感受着生活中每一个细微的变化。只不过越来越多的人可能会意识到，无论是多么美好的建筑，也只是城市的附属品，而生活在其中的人，才是这个城市最有价值和活力的群体。所以那些路过城市或者生活在这个城市里的人，最终记住的，或许不是城市里漂亮的建筑，而是建筑是否让人赏心悦目，城市能否给人带来人性化的体验和舒适感受。

记得我曾经专门跟一个长期生活在北京的香港朋友讨论过，什么样的城市才算最好的？最后我俩都觉得，衡量一个城市到底好不好，最重要的不是看这个城市有多大，建筑有多高、也不是看这里的GDP是多少，人均工资几何，而是要看大家在这个城市生活是否有幸福的感觉，是不是能够享有真正的方便、自由和安全。

如果一座城市空有平坦的马路、广场和气派的建筑，但是建筑和交通布局却十分混乱，通行效率极低；或者建筑形式新颖，但是生活在里面的人却不得不忍受开发商为了减少灰尘进入而刻意减少窗户带来的憋闷，不得不忍受开发商为了增加楼层而压缩单层楼高所造成的压抑感，那就一定不是大家喜欢的。

在城市生活久一些的人，心中大抵都有一个衡量城市好坏的标准，终归为一点，可能就是这个城市是否真正重视了人的生存环境。比如人们谈到北京和上海，就觉得它们是相对安全的城市，在这里居住会没有那么多安全方面的担忧等。这当然是评判一个城市好坏的依据，不过它只属于安全这一个范畴，好的城市还需要更多的硬件，也是应该属于这个要素之中的，比如市区交通、食品安全、医疗、社保、住房等。

北京作为首都，向全国各主要城市的交通辐射能力和通达程度，当然非其他城市可比。但是就城区的交通来说，压力是显而易见的。生活在其中的人最明显的感受，是高峰期城市道路无休无止的交通拥堵。所谓“进得来，出不去，想出去，得半天”。而这样的情形，在很多大中城市几乎都在上演，生活在这样的城市里，每天花费大量的时间在路上，恐怕任谁都不会觉得愉悦。

在让人烦心的交通之外，还有一个困扰，是关于房子的。在中国，房子是个大问题，在人们传统的认知里，这是关于生活幸福的必备要件，哪怕是负债累累购买了住房并且承担着巨大的还款压力，心里却是踏实的，在这个城市待下去也就有了足够的勇气。

尽管说，在城市居住的人不一定要有自己的住房，但是“安得广厦千万间，大辟天下寒士俱欢颜”却是古人都向往的境界。即便抛开这些不说，只要在城市里生活，无论租房还是买房，总该是稍微努力就可以达到的目标吧？然而现在呢，工资上涨速度却怎么也赶不上房价和物价上涨的速度。真正需要房子的人，倾其一家几代人所有，也买不来一套心仪的房子，租房的人也不得不面临房租不断上涨的压力。所有这些都不能不让人感叹，中国房产市场的投机真像是一只搅乱社会生活秩序的“罪恶之手”。原本只有居住功能的房子，现在却成了最简单有效的获利工具。这导致更多游走在体制和财富之外的人们，要想在城市里继续待下去，就必须首先考虑这个闹心的问题。

当房子成为有钱人和投机资本竞相逐利的商品，最受影响的也许就是那些靠工资吃饭的芸芸众生了。很多年轻人甚至不敢奢想房子的问题，因为他们觉得眼下的房地产市场真的是疯了，在政府不断亮出姿态控制房价不要过快上涨、住房成交量大幅萎缩的时候，还有人不断联络身边的人，信心满满地开展房子团购。地产中介挂牌待售的房子价格还保持坚挺，甚至不断攀升。比如我留意到的一家中介公司的二手房信息，奥运村一间不足150平方米的房子，竟然卖到960多万元，有的面积相同的，甚至超过了千万。在别的省会城市，这个价格可以买到十套相同面积的房子了。不知道是什么给了那些投资者以信心，这个至今到了晚上都看不到几家窗户亮灯的地方，真的值那么多钱吗？而且这个价格比奥运会举办前不知道翻了几番，你能说这是正常的吗？

这显然不是奔着让人舒服的目标去的，很多为这个城市作着贡献的人会觉得，这不是我们的城市，我们只是过客，在这里讨生活而已。

美好的生活不能缺少诚信

CHENG SHI BEI JING XIAN

没有舒适安逸的家，哪有快乐舒心的生活。我想决策者比我们更清楚百姓的困惑和疑问所在，目前已经开始大规模实施的全国保障性安居工程，可以视为政府为解答群众疑惑，稳定社会秩序而作出的努力。

2011 年 2 月 27 日上午，国务院总理温家宝与网友在线交流时强调，中国政府正在实施大规模的全国保障性安居工程，这些保障性住房应当以公租房和廉租房为主，再加上棚户区改造，在今后五年大约新建房屋 3600 万套，温家宝总理还希望这个工程“不要走偏方向”。

我觉得这些话意味深长。政府应该帮市民建造自己的好房子，但是一些地方政府却忽略了这些，导致城市改造拆迁过程中悲剧不断。另外在一些城市，用来解决困难家庭居住问题的经济适用房，早已偏离了方向，除了连续爆出摇号黑幕、加价卖号等问题外，还有打着经济适用房旗号大搞商业住房开发的情况存在。

要建保障性的安居工程，是否能够如期按计划完成，还是一个未知数。这个过程中，有关利益的博弈必不可少。所以温家宝总理在接受网民提问时说，他也想说一点对房地产商的话，尽管他没有调查每个房地产商的利润，但他认为“房地产商作为社会一个成员，应对社会尽到应有的责任，身上也应该流着道德的血液”。

我们有理由担心保障性住房能否保障公平和公正，因为在现实的社会里，教育和社会诚信的缺失，已经使单纯的道德监督变得苍白无力。甚至连一国的总理都这样呼吁，国人的担忧可想而知。

在住房和交通之外，还有跟生活密切相关的柴米油盐酱醋茶。在利益的驱动下，伪劣食品从乡村流往都市，又从都市流往乡村，假烟、假酒、假奶粉、假鸡蛋，以及添加了各种化学原料的豆制品、肉制品、奶制品层出不穷。媒体披露的每一个跟食品掺假有关的新闻，都是那么触目惊心。

流传在网络里的问题食品清单，看起来让人觉得恐怖，似乎没有什么食品是绝对安全的。就连大型超市里的生鲜食品，也被曝出以次充好、改头换面等问题。我就碰到过几次，买回去的肉食发现是变质的，但那包装日期分明是最近的，提醒你它是在保质期内的。

奶粉和牛奶制品近几年也都面临着添加剂的问题，但是风声过后，并没有建立严格的市场准入机制来彻底消除人们的戒心。而且让人觉得讽刺的是，一方面是奶品企业投入巨资在电视和报刊上辩解似的广告宣传，一方面市场上的“皮革奶”、问题奶还是不断出现。原因就是缺乏必要的监管和道德底线，该销毁的问题原料没有销毁，而是通过非正常渠道重新上市，弄的人不敢相信。前一段时间，一些家长担心给孩子买到不健康的食品，纷纷跑到外面去大量采购奶粉，导致香港等地的商场出台限量购买的规定。

这些都不仅仅是食品安全的问题了，它背后掩藏着深深的信任危机。商人的诚信缺失，几乎使一个大国的诚信度都受到了影响，这不能不让人愤怒。

说到这里我不得不提一下居民的生活用电，在很多城市，电力也是倍受诟病的行业之一，很多人认为这个领域是不够透明的，且缺乏诚信。比如在最近一段时期，关于电费的话题在一些更换了新电表的城市被炒得热火朝天。我在上海和平医院的一位朋友，说她们家上个月的用电量不足500度，更换了新电表后的第二个月，用电量竟然超过了1005度。这种情形我几年前在上海居住期间也遇到过，那时我跟房东一家住在一起，共4个人，家里有彩电、冰箱、洗衣机、两台空调。大概是春夏之交这个季节，平时的电费大约130多元，有一个月达到了300多元，接着下个月就超过了500元，因为是与他们家平摊电费的，我觉得问题很严重，经过我提醒，房东也开始留意，他们家有个制造配电柜的工厂，一查说我们住的房子比他工厂的用电还高出很多，而我们平日都上班，只有晚上回来，不知道问题出在哪里，房东一怒之下把电表砸了。后来投诉到电力部门，重新安装了新表，缴费额度也重新回到正轨。

因自己有过这样的经历，所以我觉得大多数民众的担忧是可以理解的，面对这样的诚信质疑，电力部门应该详细地计算一下成本，给居民一个交待。上海是借助世博会最先提出“城市让生活更美好”的地方，如果在这个城市的生活都不那么舒心，那只能说明一些地方政府职能部门并没有以人为本的服务意识。

更美好的城市，更美好的生活，当然意味着在一个整洁的城市里自由地出行，放心地享有和使用政府提供的各项服务。一旦终日纠结在猜疑和解释、质问和推脱之中，就离美好的生活越来越远了。

谁夺走了黑夜?

CHENG SHI BEI JING XIAN

我至今清晰地记得儿时夜里的那种黑，那是一种没有任何灯火映衬的黑。没有月亮和星辰的夜晚，村庄、树木、房屋都被巨大的黑幕笼罩着，只有一两颗豆粒大小的灯影，偶尔会从没有围墙的院落里闪现出来。让走夜路的人心里既踏实又温暖。

不过那种伸手不见五指的黑，在今天已经很难再体验到了。当耀眼的灯火点亮了城市和乡村的夜空，夜色里的静谧和清幽也都随之消失了。人们只有深入偏远寂静的山乡，才会发现头顶原来还有明亮的星星；或者可以从刊物的报道里体会夕阳西下、大地逐渐暗下来的情形。

“我们改变了夜晚，让它用满满的光来迎接我们，这样的改变跟在河流上筑坝没有什么两样，它的利益伴随后果而来，这种后果称为光害。”

今天很多国家和城市里的人们并没有意识到这个问题有多么严重，他们还在按照心中的意愿，乐此不疲地点评着拥有最美夜景的城市。在中国，也曾经评选过夜景最美的十大城市，它们无一例外都是用现代色彩包裹的动感之都，包括香港、上海、深圳、大连、广州、北京、成都、武汉、重庆、南京。

其中香港以号称拥有“亚洲最美的夜景”而位居榜首，评选者认为游客在这个城市“乘坐渡海小轮欣赏维多利亚港的迷人夜色”

是最大的享受。而上海，很早就是一座不夜城，20 世纪 30 年代就流行过歌女缠绵的歌声："夜上海，夜上海，你是一个不夜城……" 这样的夜是时尚动感的，也充斥着城市特有的风情。

用灯光美化城市，是今天大多数城市的首选。很多城市还专门开展了亮化工程，建筑之间灯火辉煌，街道之上霓虹闪烁。

靠近江水的武汉和重庆，借助水域的优势，把景点、汉江、长江和嘉陵江两岸都打扮成了不夜城。而古都南京更是凸显了山水林城特色，夜晚的霓虹从树根散发出的光线直射天空，在四周营造出一种静谧神秘的幽古之美。著名的秦淮河畔更是灯影迷离，按照近代文学作品的描述，复原了秦淮灯火。但是人们留意到，这些不夜城都是城市照明设施营造的效果。一些城市的照明设备并不合理，结果使得人造光线不是集中向下照向需要它的地方，而是向外向上、往不需要光线的天空照。这些设计不良的照明设施，制造了"照明过度、灯火通明的工厂和工地，也改变了许多生命的形式，包括人们自己所习惯的光线强度，导致眼部疾病增加，人们一整天的生活节奏都会被打乱，给生理上造成不良影响"。

另外，五颜六色的灯光还打乱了动物的迁移和交配习性，让城市里的虫鸣和小生物变得稀少并最终消亡。同时，城市上空悬浮的各种气体和烟尘污染，在明亮的灯火下显得更加清晰，它们遮挡了星辰，"只给夜里的天空留下一片薄雾"。

而在没有灯火和工业污染的地方，天空依然是那么的清澈纯净。比如婺源的古村落、太行山深处的村庄，当然，还有清澈空旷的草原。2010 年 8 月，我曾经沿着蒙古草原一路走到贝加尔湖，蓝天白云、清水、星星都是极其平常的事物，而且即便是在现代化的城市，灯火和星星也是互不冲突的。到了夜里，天空的颜色只是变浅了一些，但天幕还是通透的，能够看到无数璀璨的星星。这让人愈发怀念没有太多灯火的寂静夜晚。

现代化的确使城市生活更便捷，但也隔离了人们亲近自然的欲望和可能。我甚至设想着，能不能有一个小小的片区，保留着乡村般的清澈和纯净。它会像安卧在青山绿水怀抱里的徽州古村落那样，在夜晚来临的时候，被黛青色的夜色包围着，没有汽车鸣笛和人群的喧闹，只有各种不知名的虫子低低的吟唱，间或会有被脚步声惊到的狗发出的警觉的叫声。

可是这种设想如今似乎早已是遥不可及的梦想。

我们需要怎样的城市?

CHENG SHI BEI JING XIAN

在经济推进和政府的主导下，诞生在新一轮城市化浪潮中的新城市，面孔更是各具特色。比如人们常见的贸易城市、产品城市、工业城市、旅游城市等。这种过分追求城市化的举动也给当前的建筑乱象提供了实践平台，导致各个地方都出现了惊人的景观。但是仔细对照一下就会发现，那些建筑却又没有奇特之处，要么标榜最高，要么鼓吹最豪华，要么就是电梯最快，要么就是造型最怪异。它们给城市带来了视觉冲击，同时也让城市格局充满了矛盾。

有专家指出，这其实反映了中国城市发展所面临的共同问题。因为每个城市各个阶段的目标都会有所改变和完善，所以城市规划者不知道究竟要为未来设计一个怎样的城市？只能边规划、边建设、边调整。

比如在20世纪70年代中期，北京确立了以环线为架构的城市模式，到了80年代初，在发展大城市的方针下，城市规模被再次拉大。2004年前后，针对中心区过度拥挤的问题，北京的城市建设开始向郊区和外部扩展，远郊还规划了14个卫星城，但是这么多年过去了，远郊城镇的发展并不尽如人意。这导致市区人口激增，交通、环境恶化，房价更是居高不下。这样的城市化是应该让人警醒的，尤其是房地产会给城市带来伤害。

清华大学建筑学院周榕教授说：“过度发展房地产是双刃剑。中国政府出台的土地和金融政策调动了政府推动城市化进程的积极性，使政府有能力开展各项建设，并在十多年间创造了一个庞大的房地产市场。但是，中国的城市化道路从以前的开发区模式转变为以房地产开发为主的开发模式，也容易给社会留下很多不安定因素。”

想想前段时间“白领纷纷离开一线城市，到二线城市寻求落脚之地”的新闻，一定会有人问，城市化是为了什么？如果城市的房价与民众的收入严重脱节，让生活在这里的人既没有幸福感，又对这个城市失去了信心，那一切还有什么意义？在《美国大城市的死与生》一书里，作者首先界定城市的目的是让民众“安居”、“乐居”，之后，他又阐述了使城市生活繁荣、精彩的四个必不可少的条件，其中之一就是“要让生活其中的人留下来”。

但是，现在的城市化究竟是谁的城市化呢？

中国的城市化运动，在2008年就结出了丰硕之果。根据彼时国家统计局发布的数据，截至那一年，中国城镇人口总量从3.79亿增加到6.07亿。城镇人口比1991年增加了90.3%，平均每年增长5.6%。中国的城市总数已经达到655个，城市化率已经提高到45.68%。如果根据这个数据，中国的城市化率实际上已经接近世界城市化率的平均水平。

不过在专家看来，中国的城市概念是混乱的。北京大学地理系教授周一星说：“就一个城市来说，CBD是城市商业中心，然后还要有一个更大的中心区和建成区，它们共同组成都市区。但是现在这个概念并不太明确，很多城市习惯用行政区来替代都市区。”比如从人口和行政区域上看，北京即便有80%的城市人口，但怀柔、延庆、门头沟、房山等地还有很多郊区。

在周一星教授看来，城市应该分为多个层次，最小一级的是城镇，再往上是小城市。对中国来讲，哪里有大城市，就可以组织都市区，但是都市连绵区却需要若干都市联合起来，这意味着那个区域经济最发达，城市最富裕，商品经济活跃，交通顺畅。不过实现这些需要一个过程，而这个过程必须解决城市化病。在2005年9月给中央政治局讲课时，周一星教授曾围绕国外城市化经验和中国城镇化道路提出，城市化可能带来区域环境污染、基建重复、土地资源流失严重等问题。

随着城市化的进程，人们逐渐意识到，工业在城市里不应该受到不加限制的鼓励，城市要加强基础设施和居住区的建设。而且随着城市商业活动的增加，现代化的交通设施和旅游设施要跟上。而每一次大的体育或者文化盛事，都是城市大搞基础建设的机会。如北京把首钢从市区迁了出去，并借助2008年的奥运会，给城市面貌实施了彻底的改造。

广州也借助亚运会，在城市基础设施等领域进行了诸多建设。但是改造带来更多的问题。国内一些城市的做法通常是一样的，主城区的旧房拆迁后，原来的住户一般被安置在远离主城区的地方，有些甚至是偏僻的市郊。

而在国外却不是这样。美国的理查德?瑞杰斯特在《生态城市伯克利：为一个健康的未来建设城市》中写道：为了改造伯克利最大也是最著名的一条溪流，城市政府利用拨款加募集的基金，用来购买坐落在溪流上方或者附近的房子，城市政府通常是按照市场价或者高于市场价的标准向原来的居住者支付购房款，因为这部分费用还包括他们的搬迁费用。负责溪流恢复计划的项目实施者说："要兼顾社会公平和生态价值，就要求城市政府提供的新住宅数量超过被拆迁的住宅，这样才能实施溪流恢复计划。"

恢复溪流的计划中需要拆迁掉9座房屋，这样才能使溪流重新恢复，但政府却要为此提供提供15套公寓和住宅。这些公寓住宅比搬迁者原来的房子离城市中心商业区或者邻里活动中心还要更近一些。这样人们才乐意离开原来的地方，到新的房子里居住。

我们已经看到中国各级政府在以人为本的基础上进行的努力和改变，因为城市不是生硬的管理，而应从服务的角度出发。

户籍思变

城市化是个大问题，牵涉到农村人口转为城镇人口，农业转向非农业，劳动效率提升等方面的问题。从分散居住转向聚集居住，在这个过程中，人的生产和生活方式都有变化。

在中国，很长时间都在说工业化，很少谈到城市化，原因在于中国长期形成的二元结构。城市居民吃商品粮，由国家供应，而农民的粮食则由自己负责，要是有人变成了城里人，国家就要承担商品粮供应。比如在“大跃进”时期，招了很多技术工人，他们的户口都变成了城市户口，都是“吃商品粮的”，后来商品粮供应不够，这些人有很多又被劝回了农村，工人又变成农民。这个时期为了减少城市户口，也有一些干部被下放到农村。经历过这样的事情之后，各级政府对农民进城的问题就更加慎重，农民变成城市户口也就更困难。

20 世纪 80 年代中期，户口还是大问题。记得当时在我家，因为家里只有父亲一个人吃“商品粮”，他在城里没有住房，只有单位提供的一间宿舍，我跟大哥都要读初中了，还是农村户口。我的父母还曾商量过我俩谁接班的事情。后来我们进了县城读初中，每学期都要缴纳 30 元的借读费。吃饭是在学校的食堂，不过要向食堂交粮食换成饭票，有一两年的时间，我们兄弟俩都是拿父亲的粮本从粮管所购买粮食的，每次 50 斤到 100 斤，用自行车驮到学校里去。

在改革开放之前，城市和农村是不兼容的。有些距离县城很近的城郊乡村，事实上已经融入城区了，随着城市区域的扩大，他们门前的土路变成了马路，他们在路边建起了很多房子出租，但他们仍然是农民，子女同样无法进入近在咫尺的县城重点中学，享受不到任何城市市民的待遇。

当时的城市，基础建设和产业都没有形成配套体系，所以城市对农村劳动力的吸纳能力也很低，很多人游走在城市的边缘，他们被用工单位称为临时工，在城市里没有住房。比如我有一位长辈，被介绍到县城的肉食品公司帮零工，每月挣300元钱。那时候食品公司通常要在早晨5点把当天要送到市场上的猪肉处理干净，所以他每天凌晨3点就得从家出发，骑自行车走20千米到达县城，忙完就是中午了，先骑车回家睡觉，然后第二天再去，如此周而复始。

改革开放之后，人口可以正常流动了，进城打工的农民多了，城乡之间有了互动，只是户口还没有松动，于是有人自带粮食进城。

据中国科学院地理科学与资源研究所研究员、住房和城乡建设部城乡规划专家委员会委员和原中国城市规划学会副理事长胡序威介绍，城市化政策的变化始于1978年以后。当时包括中国科学院地理所、南京大学和北京大学在内的地理界专家都提出了城市化的概念，这个概念同1954年召开的几次城市化研讨会上作出的判断一致：那就是工业化必然面临城市化。

“在经济高速增长而城乡户籍分隔的背景下，积极发展小城镇就必然成为可供政府选择的最佳城市化政策。中国的城市化终于由被压制转为松动和放开，过去那种控制城市人口增长和城乡分隔的政策被鼓励小城镇发展的政策所取代。”胡序威说。

1980年，在当时城乡分隔、大城市基础设施滞后的情况下，全国城市规划工作会议提出了“控制大城市规模，合理发展中等城市，积极发展小城市”的城市发展总方针。著名社会学家费孝通也在

1983 年提出，“解决农村剩余劳动力问题要以小城镇为主，大中小城市为辅，加强小城镇建设是中国社会主义城市化的必由之路”。在当时的城乡户籍制度下，这种建议得到社会和政府的认同。

中国地级市的数量在此后数年间迅速增加，据统计，在 1983 年~1998年，中国共有 100 多个县级市升格为地级市。其中仅 1983 年~1985 年的 3 年里，地级市的数量净增 50 个。到 1986 年国家有关部门修订“建市”标准后，县级市也增加很快。1986 年~1996 年的11 年间，县级市数量净增286 个。到了 1992 年，小城镇的建制标准再次得到修订，中国的建制镇在原来的基础上大幅增加。

城市化不仅是户籍身份的转变

中国的小城镇建设，是以户口为主要特征的建设。在国务院批复同意原建设部等 6 部委联合制定的《关于加强小城镇建设的若干意见》之后，当时的国家体改委、建设部、公安部等 11 个部委于 1995 年 4 月联合下达了《小城镇综合改革试点指导意见》，并在全国选择了 57 个镇作为综合改革试点。1997 年 6 月 10 日，国务院批转了公安部《小城镇户籍管理制度改革试点方案》和《关于完善农村户籍管理制度意见》的通知。认为户籍制度应该改革，可以“允许已经在小城镇就业、居住并符合一定条件的农村人口在小城镇办理城镇常住户口，农村新生婴儿可以随母或者随父登记常住户口”。

此后，许多小城市为促进经济发展，基本放开了户籍限制，不少大中城市，甚至北京、上海等，也放松了外地人口进入本市的限制。到了 2000 年左右，户籍制度改革再次得到提速，中共中央的“十五”规划提到了城镇化战略，这被视为中国城市化加速的契机。第二年 5 月，国务院批转了公安部《关于推进小城镇户籍管理制度改革的意见》。《意见》指出：小城镇户籍管理制度改革的实施范围，是县级市市区、县人民政府驻地镇及其他建制镇；凡在上述范围内有合法固定的住所、稳定的职业或生活来源的人员及与其共同居住生活的直系亲属，均可根据本人意愿办理城镇常住户口；已在小城镇办理的蓝印户口、地方城镇居民户口、自理口粮户口等，符合上述条件的，统一登记为城镇常住户口。

这些户籍制度改革，标志着原来的城乡分割制度已经被废除。但是在实践中，却又面临很多问题。中国的户籍制度是复杂的，因为从它诞生时起，就限定了城市居民和农民在财产、户籍、住宅、粮食、副食品供给、水电价格、教育医疗、就业、婚姻、养老和劳动保险等方面都是不同的，并不是单纯的一纸证明。

2000 年左右实施的户籍改革意见，标志着城乡之间有形的藩篱被打破了，但是进城后的农民并没有离开土地，他们在农村还有农田和宅基地。而且因为他们的土地是集体所有的，不能随便买卖，所以他们进城之后，依然还是农民工，在城市里生活久了，还是会受到户口限制。那些在城市里找到了短期或者长期的工作的农民，在城市里租房居住下来，把孩子和老婆也接到了身边，幸运的人，赶上某个城市的户籍制度改革，就成了这个城市的新的市民，而没有那么幸运的人，城市成为他们的实际居住地，但在遥远的乡下，还有固定他们身份的宅基地和农田。

让许多农民迫切希望改变自己的农民身份的，还有曾经依附在户口上的收容制度。在 2003 年收容制度被废除之前，它曾经给生活在自己国土上的民众带来很多烦恼，也在中国引发了很多矛盾。那些在城市里无合法身份证件、无固定住所、无正当生活来源的人，都被城市确定为收容对象，并由公安、民政、计生、工商、城建监察等联合清查。在一些城市出台的地方性规定中，竟然还有这样的字眼：要造出声势，提高市民参与城市管理的自觉性，使“三无人员”在市里无栖身之地。收容遣送制度在一定程度上的确维护了城市的社会秩序和稳定，但是现在来看，它却剥夺了很多正常人自由活动的权利。很多地方靠这些过渡性的措施，产生了矛盾不断的新的社会问题。2003 年，湖北籍大学生孙志刚在广州打工期间，被执法机关当做“三无人员”收容并在收容所被人殴打致死。孙志刚事件成为收容制度被废除的契机。从单纯的救助到收容遣送，然后再到今天的重新回归救助，这个过程体现了鲜明的时代色彩。

一些城市意识到，解决城市化所需的人才必须依赖户口制度的改革，于是它们成了户籍改革的最早尝试者。在 2001 年的郑州，很多人已经可以通过购买房产解决入户问题。其中购买商品房入户，根据所购房屋的建筑面积确定入户人数。随后，各种职业技术人才户口入郑条件也被适当放宽，这种措施给许多为郑州市建设付出了努力的外地人带来机遇。时任郑州市市长的陈义初曾经坦诚地对媒体说：“在郑州的 230 万常住人口中，有接近三分之一的人是长期在郑州经商、就业或居住的，他们早已融入了城市生活，有的还给城市经济发展作出了很大贡献。将他们和他们的亲属变成真正的郑州市民，会让他们的生活变得自信和轻松，多了许多方便，也会提高城市的吸引力。我们的城市正在拉大框架，需要大批的有才能的建设者，不能让户口再成为一种羁绊。”

江苏在户口制度改革方面步伐也很快。2003 年 3 月 28 日，江苏省公安厅宣布：从 5 月 1 日起，在全省范围内取消农业户口和非农业户口，对城乡居民实行统一的户口登记制度。这意味着，有着深深的计划经济体制烙印的户口藩篱，将被江苏彻底打破。消息公布之后，媒体普遍将其视为“中国户籍改革进程中的一个里程碑”。

但是学术界认为，在就业、社保等配套制度没有完善的情况下，简单地取消户籍性质，不能最终消除对流动人口的限制，并实现加速城市化的目的。称呼上进步了，实质性的东西没变，很多限制条件还存在，农民不可能随便进城。比如江苏，在对城乡居民实行统一的户口登记制度的规定中，光是合法固定住所和稳定职业这两项，就会让很多农民打退堂鼓。能够在城里买房子的农民，数量毕竟有限。江苏省社会科学院农村发展研究所的一位研究员说："农民进城租房，基本上是租私人的房子。你怎么指望他跟单位签订合法有效的租赁合同?"该研究员认为，同样有弊端的是新户籍政策中对"稳定职业"的附加规定。大多数用工企业，很少给农民工办理社会保险。这样，一个农民工即使长期在企业干，还是会因此而无法获得城市常住户口。一方面想推进城市化，一方面在实质性的问题上设置障碍，这是一个奇怪的现象。新户籍政策实施的最终效果相信会打折扣。

类似江苏的改革模式，在国内其他城市也有过，但无一不遇到阻力。比如济南，到 2002 年 9 月份，该市有 39 万农民户口完全转为"济南城区户口"，但由于相关制度保障没有跟进，隐藏在户口之后的教育、就业、兵役等差异慢慢地显现出来，其他城市也是如此。2001 年，石家庄全面放开市区户口限制，广东、浙江、福建等省也纷纷跟进。结果都是雷声大，雨点小，实施效果并不理想，一些城市甚至在推行一段时间后，重新修改了入户政策。

这些推行效果并不太好的户籍制度，愈发见证了户籍制度改革的复杂性。相关专家指出，户籍制度本身并没有任何价值，真正有意义是与户籍相联系的其他制度。如果能够建立完善的制度，盘活农民的资产，使农民的土地和其他固定资产变成流动资产，使农民有了基本的进城资金保障，然后通过教育，使农民本身的价值提高。这比简单地取消户籍性质，更能促进要素流动，体现社会公平。

"很显然，要达到这一步，仅靠一个地方是无法完成的。否则，即使名义上没有了户口之分，隐性的户籍藩篱也会成为城市化进程的一大障碍。"

以绿地为主的城市规划模式是否适合缺水城市?

在城市化推进过程中，越来越多的城市开始注重生态平衡，注重对环境的改造。因为它们最终会成为“全国优秀旅游城市”“全国卫生城市”“园林城市”等诸多光环的评分依据。所以，许多城市为了在短时间内实现绿化率的迅速攀升，甚至砍掉了之前的老树，改种大片的草坪。经过大手笔改造的城市绿地广场，的确会让人眼前一亮。但是一到夏天，那种少了大树遮挡的弊端马上就显现出来了。

我于20世纪90年代初到郑州生活、求学的时候，郑州刚刚在1990年获得“绿城”称号，当时郑州市的绿化覆盖面积达到2683多公顷，绿化覆盖率达35.25%，在中国的省会城市里位居第3名。但是据生活在郑州的老人说，这时的“绿城”已经不及几年前了。河南的省会从开封搬迁到郑州之后，为了防治风沙，从1956年~1985年在市区种植了成千上万棵法桐树，经过几十年的生长，树身高大，枝繁叶茂，很多道路都被法桐树的枝叶遮挡，坐飞机路过郑州往下看，下面是一片绿色的海洋。

尽管有公开的数据显示，如今郑州的绿化覆盖率为35.5%，超过郑州首获“绿城”美誉的1990年，但郑州本地人并不认同“绿城”的说法。因为那些法桐树早在十来年前就被当地园林部门以减少毛球污染、减轻环卫工人工作量的理由重新嫁接，变成主干粗壮、但树冠和枝桠却处于妙龄的奇怪行道树，有些法桐树还因道路裁弯取直或者拓宽被毫不留情地伐掉。另外在1995年~1997年，郑州开始向大连等地学习，拆墙透绿，改种大量草坪。这种做法给城市环境带来迅速改变的同时，也留下了颇有争议的话题。

中国城市广场绿地的兴起，最早始于大连等城市，其中尤以大连的绿地最有代表性。大连不大，却是中国广场最多的城市，全城共有80多个广场，遍布大连市区的各个角落，广场风格迥异，类型也很丰富，包括公共绿地、道路绿地、居住区绿地、附属绿地、生产防护绿地、风景林及海滨风景区等。截至2000年，大连的公共绿地覆盖面积已经达到1785.01万平方米，人均占有公共绿地8平方米。到大连去看，城区的每一条主干道几乎都是一条绿色走廊，走廊上由广场串成一个个花园。驱车驶过高架路，桥下也都是浓绿的花坛草地。在高处向四周眺望，整个城市就像浮动在一片绿色的海洋中。所以有人称赞大连，说它不是把花园建在了城市里，而是把城市建在了花园里。

这是一个中国人自己创造的城市样本，它让国内很多城市着迷。在很长的一段时间内，大连一度是全国各个城市争相效仿的对象，参观的人群一拨接着一拨。主导城市改变的原任市长薄熙来也被誉为明星市长。这种明星效应的传播是惊人的，据说当时党政考察团络绎不绝，需要提前预约。很多城市完全仿照大连的模式，建造绿地广场，但是却忽略了自身的条件和基础。

中国不少城市，是事实上的缺水性城市。根据2000年中国水资源公报，2000年，中国北方大部及南方部分地区年降水量比常年偏少，干旱严重，灾情先后波及20多个省（自治区、直辖市），北方一些大中城市出现了严重的缺水局面。而广场绿地等人工景观，又都是耗水量惊人的绿化项目。另外，从国外进口的草坪，需要很高的维护费，有的还会导致生物入侵。有一次我在某个城市公园看园林工人清除杂草，那些草坪翻起来，竟然有不少虫子。

当然，这些娇嫩的草坪也只是被用来当做景观看的，像国外那种在草坪上自由玩耍的场景，在中国的城市是很难看得到的，即便是有，待不了多久就会面临被广场管理者驱逐的尴尬。广场绿地营造的只是“满眼绿意”，对于迅速求变的城市来说，它也是一种实实在在的“面子”工程。

即便是首创绿地广场城市的大连，也早已意识到城市的缺水危机，如今正在采取一系列的节水措施。大连属具有海洋性特点的暖温带大陆季风气候，由于年内降雨多集中在 7、8、9 三个月，且境内地势自北向南倾斜，河流多为源短流急、独流入海的季节性河流，地表水资源量仅有 34.82 亿立方米，地下水资源量仅有 8.84 亿立方米，增减境外入流量和重复量后，全市水资源总量仅有 43.41 亿立方米。按 2002 年人口计，大连市的人均水资源量仅为 642 立方米，不足全国人均水平的 1/4，是中国极度缺水的 40 座城市之一。另外，地下水超采引发的海水入侵和高矿化度也对大连水质造成了影响。

当地政府意识到，如果不采取措施，随着水资源的日趋紧张，它的负面效应还会扩散。所以自 1981 年开始，大连进行了长达 16 年的“引碧入连”供水工程建设和 4 年的“引英入连”供水工程建设，使日供水能力达到了 135 万立方米。目前，大连市 95% 以上的供水来源于距离中心城市 170 多千米以外的碧流河水库和英纳河水库。

但地表水污染、河道水质变化、水资源减少等因素直接影响了城市生活用水。不仅大连如此，全国其他城市也面临这种资源性破坏的威胁。

根据 2008 年的水资源公报，2008 年，东北、华北、西北和黄淮等部分地区发生了近 5 年来最严重的干旱，部分地区因干旱造成饮水困难。同时，北方17个省级行政区对77万平方公里平原地下水开采区进行的统计分析结果表明，到这年年末，浅层地下水储存量比年初减少38亿立方米。而在消耗方面，2008年全国总供水量5910亿立方米，与2007年相比，供水总量增加了91亿立方米。其中生活用水增加19亿立方米，农业用水增加65亿立方米，生态与环境补水增加14亿立方米。而另一方面，全国的污水排放量却在增加。排除火电直流冷却水排放量和矿坑排水量，2008年全国废污水排放总量758亿吨，比2000年全国废污水排放总量增加130亿吨。这些数据直接反映的是，中国工业、第三产业和中国城镇居民生活等用水户排放的废水量也在大幅增加。

城市化不是必须维持在很高的资源消费上，但是城市化又无法回避这样的资源浪费和消耗，无论是水资源短缺的城市还是暂时不缺水的城市，水资源的问题都需要正视，并未雨绸缪。

让人欣喜的是，我们看到了一些城市正在进行的努力。比如高碑店城市污水回用工业示范，处理过的污水被用于冷却水、道路冲洒水、河流补给水、绿化用水及开发区工业冷却水、冲灰用水等。在大连等一些滨海城市，开始试行海水处理和利用。而在中国的香港地区，早已实施用海水冲厕等强制性节水措施。

但愿所有的城市都能看到中国水资源面临的严峻现实，并引以为鉴，找准适合自己的水资源利用模式。

夺取土地的“革命”：新农村建设是否会被“绑架”？

CHENG SHI BEI JING XIAN

中国通过不断的快速城市化建设，给大批的农村剩余劳动力创造了就业机会，使大量农村人口进入城镇。但是因为户口制度和土地制度的限制，城乡居民之间的收入差距持续扩大，许多农民只参与了中国的城市化进程，却很少享受到城市化的成果。

2006年2月21日，《中共中央国务院关于推进社会主义新农村建设的若干意见》正式公布，“意见”提出了“建设社会主义新农村”的目标，强调“建设社会主义新农村是中国现代化进程中的重大历史任务”。各地宜从实际出发，“扎实稳步推进新农村建设”，“搞好乡村建设规划，节约和集约使用土地……明显改善广大农村的生产生活条件和整体面貌”。

这个文件刚一下发，就引起了社会上上下下的极大关注。许多地方的农村更是雀跃不已，但是也有专家表示担心，新农村建设和城镇化建设会改善中国的人居环境，但也会形成新一轮的土地问题，并给传统民俗文化、农村生态带来毁灭性的伤害。如果没有清醒的意识和应有的警惕，目前在城市中发生的问题，将有可能通过新农村建设大规模地向乡村蔓延。

首先是土地问题。据介绍，包括新农村建设在内的已经获批的十几个区域性发展规划如今正进入实施阶段，对于中国的土地监管部门来说，他们面临着各种违法现象反弹的压力。而所有这些，都将是假借城市化的名义进行的。

中国国土经济学会第一届理事会副秘书长、中国科学院地理科学与资源研究所研究员胡序威认为，单纯在当地搞新农村建设是不行的，中国的城镇化会造成越来越多的土地被占用，因为农民身份没有解决，他们在城市里赚钱之后还要回到乡村盖更大的房子，这样就会造成土地越来越浪费，如果能够解决身份问题，使他们长久地住在城市中，那么他们就不会再回去盖房了。

新农村建设的目的，就是利用集约式建筑，开发出一些可供耕种的土地，但是如果实施不好，会使农民把辛苦打工赚来的钱再次投入到气派但空荡的建筑之中，还有一些交通区位比较有优势的地方，会成为开发商逐利的新战场。

所以，中国工程院院士、建筑学和城市规划专家周干峙曾经说：要规划好农民的城市化。城市化不仅仅是农村人口向城市人口转化，或者在新农村建设漂亮的建筑，还包括生活方式的城市化。当下在新农村的建设中，许多农村已经没有年轻人在家，村里却盖上一些富丽堂皇的建筑，从表面上看是改善了条件，但是又有多少实际意义呢？

除了土地和建筑的问题之外，担心新农村建设过程会带来生态破坏，已经成为主流专家的共识。在中共中央提出“建设社会主义新农村”的目标之后，北京大学教授俞孔坚就意识到了它即将带来的问题，所以在文件颁布不久，他就提笔给温家宝总理写了一封信，提出在新农村建设中应该重视的“国土生态安全问题”，这封信经由总理批示后向住房和城乡建设部、环保部、文化部三个部门下发，最终，由环保部牵头，委托俞孔坚做全国性的国土生态安全格局研究。

俞孔坚说：“新农村建设一定会带来自然河道消失，土地固化、被污染，雨水不能重新回到土地，地下水位下降，环境恶化等问题……应该及早保持足够的警觉。"

而从新农村建筑本身来说，也面临如何避免建筑形式雷同等问题。清华大学建筑学院教授陈志华说："中国的城市化曾经走过千篇一律、千城一面的阶段，现在的新农村建设应该回避这样的局面。"专家的这种担忧或许不是多余的，如今在很多实施新农村改造的地方，建筑雷同的现象已经大量出现。

2010年，北京要评选一批最美的乡村，名额是10个，候选的村庄总共有20个，在最后一轮投票时，第一个村就把在现场参加评审的专家、清华大学教授陈志华吓了一跳，因为他听到主持人说：这个村庄是根据一张图纸设计出来的。

这就是城市化进程中最荒诞的事实。在这个过程中，大量值得留存的东西消失了，取而代之的是那种整齐划一的规划。

陈志华教授向我讲述他有一次去宁波时看到的情景，从飞机上看，下面是一个刚刚建成的新农村，中间一条水泥小道，两边是军营一样整齐的两层小楼。陈志华曾经不止一次地反问：老百姓首要的是解决吃饭问题，不是睡觉问题，有些地方的新农村房子是空空的，建房时还欠了很多债务，尽管不少地方是政府提供无息贷款，但是那钱要不要还，怎么去还，有没有人想过？

许多古建筑、老房子，在新农村建设的旗号下都被拆除了，这也让致力于古建筑保护的陈志华感到痛心。陈志华搞了23年的乡村古建筑保护，但是到今天，他认为"保住的只有浙江的诸葛村"，有些地方当时保住了，但是"过几年再去看，拆了，说是换了领导，说拆就拆了"。

浙江还有一个村，很漂亮，用陈志华的话说，"画都画不出来"。村子很窄，从山下到山坡，建造成一条狭长的带状，2009年春天他再去看时，发现村庄中间建起了一座几层楼的洋房，村里原来的鹅卵石小道全部换成了水泥混凝土，把所有的景观都破坏了。陈志华忍不住问：“你们为什么要建造那栋楼啊？”对方回答：“政府给了钱，让搞新农村建设，钱要花完。”可这个村里只有二十几位老人留守，年轻人都出去工作了。

城市扩张需要坚守怎样的生态底线？

CHENG SHI BEI JING XIAN

中国的城市扩张，给人的感觉似乎缺少生态底线。最常见的事实是，城市中出现了越来越多的高楼大厦，裸露的土地已经很少了，它们都被洁净的柏油马路、城市广场、硕大的立交桥以及停车场覆盖了，可是一遇到大雨，城市排水系统几乎全部失灵，导致城市交通也陷入瘫痪。按理说，新建城市都有比较现代化的排水系统和下水管道系统，为什么还是会有大量积水呢？

北京大学教授俞孔坚指出，当前，许多城市都面临水土资源不足的问题，城市的发展空间已经没有多少回旋的余地。大量的钢筋混凝土建筑，以及不断增加的硬化路面，导致城市市区内的裸露土地越来越少，加上雨洪管理方式单一，一旦下起雨来，雨水很难渗入地下。遇到大雨、暴雨，雨水来不及通过下水道流走，就形成径流，汇积成了积水，特别是在市区内地势比较低的地区。不仅给城市排水带来了很大压力，也造成雨水资源的白白流失。而每次暴雨或者大雨带来的城市积水，都有可能让一个城市交通完全瘫痪。

2010 年 5 月，广州因大雨严重内涝，羊城变成了“泽国”。马路上全部成为水塘，无数汽车被泡、商铺被淹、道路被浸，市区中山大道、黄埔大道等多条主干道近乎瘫痪，最严重的环市路段拥堵长达 30 多千米，3 个小时内车辆无法通行。

2008 年 7 月 1 日晚，持续暴雨让昆明全城遭受不同程度的水淹，最深处超过 1 米，高新区全部被淹。2010 年 7 月 9 日，石家庄刚刚修好的南二环西路排水系统没有通过大雨的考验，雨水、污水全部灌进附近的工厂和住宅，有群众描述路上像海洋。2010 年 7 月 20 日，郑州市突降大雨，很多路段被堵，桥涵积水严重，导致交通拥堵近 3 个小时。

此外还有重庆、长春、福州、西安，几乎每个城市在大雨面前都经受了城区被水浸泡的尴尬，积水严重时交通几乎全部瘫痪。在积水严重的区域，因为街道、民房、商业用房、仓库、地下停车场、工厂、机关、学校等均被水淹，造成了巨大的经济损失。另外雨水与废水并存，生活废水与工业废水并存，臭水与臭气并存，也严重影响城市环境。

这暴露了市政建设在排水系统方面存在的诸多问题，比如，有的深埋地下的排水管网在设计时便有问题，城市建筑要让位于地下管网设置，但是交钱之后可以更改施工规定，将本来笔直畅通的下水道改造成一段弯道；有些下水道不规范，甚至还有出水口比上游还高的情况。

有些新修建的马路，使用了最大口径的下水管道，号称几十年不落后，但是刚刚建好就未通过大雨的考验，的确让市政部门非常尴尬。

在城市土地尚未开发的时候，土地保持着自然的状态，雨水的渗透能力非常强，但是快速的城市化进程，却使这样裸露的土地日渐减少，任何一块空地，一条河道都有可能被水泥混凝土硬化，地面完全失去渗透功能，一遇到稍微大一些的雨，雨水迅速从高处向地势较低的地方倒灌，造成市区积水，而那些来不及渗透就顺着河道下泄的雨水，更是让城市失去了补充地下水的机会。

就北京市主城区目前的排水河道来说，有资料表明，其洪峰流量比 20 世纪 50 年代大了 3 ~4 倍，但是这些年来，城区只要在数小时内出现稍微大的降雨，马上就出现多处内涝。城市不透水面积的增加，还阻碍了地下水回补过程，加之地下水开采过度，北京市地下水水位连年下降，1980 年末，地下水平均埋深只有 7. 34 米，但是到了 2007 年末，地下水平均埋深达 22. 89 米，下沉 15. 55 米，地下水储量也减少了 79. 6 亿立方米。

“城市建设、农业围垦占用了大量湿地，降低了湿地在削减洪峰、滞蓄洪水和提供生境等方面的能力，部分河流湖泊出现了干涸断流的现象。河道渠化、固化也在一定程度上加剧了水环境的恶化，而且降低了河流在蓄滞洪水、防止侵蚀、水质净化和等多方面的生态功能。”

俞孔坚说，水的供给服务可以通过引水工程来解决，但土地系统的水文平衡则必须通过地域内部的水系统调节服务来实现，洪涝灾害也必须在地域内通过水系统进行调节。值得现代城市借鉴的是，城市要考虑科学的排水系统，不一定什么都追求最大，破坏城市的自然规则。比如 2010 年 6 月 21 日，南宁、南昌等诸多城市惨遭水浸，而赣州市部分地区降水近百毫米，市区却没有出现明显内涝，原因是城区里的宋代排水系统仍在发挥作用。以宋代福寿沟为代表的城市排水系统，全长只有 12. 6 千米，仍承载着为赣州近 10 万旧城区居民排污的功能。它完全利用城市地形的高差，采用自然流向的办法，使城市的雨水、污水通过出水口的 12 道水窗流入江中。遇到江水上涨超过出水口时，水窗则借江水之力将出水口处设计的 12 道水窗自外紧闭，以防往城区倒灌。

然而，这种体现古人智慧的城市排水系统，现在正受到城市建设的侵蚀，城内有些调节储水量的水塘已被填平，上面盖起了楼房。这种短视的发展规划，注定会书写现代城市的遗憾。俞孔坚教授在提及这些违背自然规则的现象时说：“当今的城市和建筑都是不可持续的，很快将成为过去时，而城市的巨型建筑、宽阔的马路和停车场以及巨大的城市广场，高度工程化的市政管网，都将被我们的后代所不解和耻笑，并被当做愚昧和荒诞的历史来凭吊。”

向自然求解：景观设计师的创新之道

“洁净的天空下，几台风力发电机在中央电视台新大楼的空当处旋转着，电力被输送到大楼的各个角落。除了办公场所之外，这个大楼被层层分割，从上到下依次用来种植蔬菜、养猪和养鱼。猪吃到的是新鲜的蔬菜，它们的粪便则通过特殊的管道流入下面的鱼塘喂鱼。”

这种看似怪诞的想法，其实是俞孔坚教授关于“新田园城市”的有趣设想。在他眼里，代表着城市新建筑形式的央视新大楼、国家大剧院、“鸟巢”等都是可以综合利用的。央视新大楼完全可以成为一个立体的农、牧、渔业复合系统，其中的风洞效应也可以利用；而国家大剧院则可以改造成巨型热带、亚热带温室，生产各种瓜果，地下室用来发蘑菇；“鸟巢”能够成为国家级的瓜果蔬菜市场，那些巨大的钢构可以用来悬挂各种容器，各种蔬菜瓜果在空中弥漫着芳香。还有天安门广场，他甚至设想把它们改造成向日葵田野，在提供生产油料的同时，让世界各地的人民都有机会体验朵朵葵花向太阳的意境。

毫无疑问，它们似乎有些乌托邦的味道，因为这些建筑在中国是不可能轻易被改造的。但是大家又非常乐意见到它实现这样的改造，因为它代表着现代城市生态文明，是“生存的艺术”。记得最早从俞孔坚教授那里看到这样几幅颇富创意的图像时，我一下子乐了。城市的景观规划，其实不必是枯燥的图标和数据，它一旦倾注了跳跃性的思维，并完全赋予其人性化的纯真和自然的质朴，产生的趣味效果是惊人的。

在巨大的发展压力和有限的自然资源条件下，如何实现城市的可持续发展？这本来是一个很严肃的命题，但是俞孔坚教授却用轻松诙谐的方式表达了他的答案：那就是，让城市回归田园。在2010年5月25日北京市长培训中心的演讲中，俞孔坚教授向全国各地园林系统的官员直言，城市需要一场“大脚革命”。

俞孔坚教授认为，当前的城市化已经接近生态底线，土地开垦、水资源开发利用等人类活动已经把自然生态系统变成了人工生态系统，在这个过程中，自然斑块和乡土植被从城市中被铲除，代之以非乡土物种为主的“美化”种植。而这些用来美化城市的所谓高雅植物，通常面临种植结构单一、外来物种引入和养护管理不当等问题，这使得城市生物栖息地的质量大为下降，生物的栖息、繁殖、觅食、迁徙等过程都受到严重干扰。另外，在快速城市化的过程中，中国丰富的乡土遗产景观的真实性和完整性遭到了很大破坏。

为了让听课的地方园林系统官员更形象地了解他阐述的“城市大脚革命”，俞孔坚教授形象地比喻说：“城市化就像女人裹着小脚，嫁入豪门。裹小脚最早是从皇宫开始的，后来扩展到全国，女人要想高雅就得去裹脚，这是不健康的，使中国很多能跑的健康的大脚全部成了畸形的。城市的小脚主义就是让很多有个性的城市变得高雅，但是失去了纯真。”

的确，城市化带来的改变是惊人的，很多城市脱掉了原本朴素的城市面貌，变得洁净和高雅。“城市建设者认为只有水泥花岗岩才是城市的、高贵的，泥土是乡野的，但恰好剥夺了自然的功能。”在这个过程中，很多河道的两岸全部渠化，旱涝排泄功能全部丧失，水系统也被破坏，人们总是依赖地下管网系统排水，但它恰恰造成了内涝。

“更严重的是，水的自我净化功能丧失了，生物也无法生存，青蛙只生长到蝌蚪阶段，因为岸太滑，它们爬不上去。”

但是现在，中国正迫不及待地把所有的乡土城市化，把自己门前弯弯曲曲的小河变成金水河，把绿草和庄稼变成紫叶女贞、金叶黄杨等无繁殖能力的景观。在新农村建设激发的热情里，地方政府为了追求“生态城市”，把油菜花、向日葵等那些原本粗放的乡村景观全部铲除，改种需要大量人力去维护的草坪，把生长着各种水草和青蛙鱼卵的小河用混凝土包裹起来，改造成所谓的景观河道。这导致土地、水源等失去了原有的功能，变成了缺少生命力的城市模样。“雨水通过市政管道排出，街道上只有光开花不结果的园林花木。”

“这就是生态城市吗？哪有生态呢？都是人工的，缺少生命的。”俞孔坚教授反问。

在过去30年里，城市的自然资源，自然的河流、自然的土地都被裹上了水泥。在俞孔坚教授和他的北京土人景观与建筑规划设计研究院所做的“国土生态安全格局研究”中，表明中国660个城市有400个是缺水的，土地上75%的河流已经被污染，50%的湿地消失，地下水每天都在下降。

在俞孔坚教授的办公室里，他指着挂在走廊里的巨大的卫星图片让我看，上面只有江西、福建还是绿色的，其他的中国土地都是棕色的，就连作为北京生态保障的内蒙古草原也是一片浑黄。这种情形跟我从伊尔库茨克回北京时看到的一样，飞机从贝加尔湖经过乌兰巴托一路都是绿色的，弯弯曲曲的小河在葱绿的草地上蜿蜒流淌，但是接近内蒙古时，大地一下子变成了光秃秃的戈壁，看上去一片荒凉，有些地方还裸露着红色的火山岩。

“为什么只有中国的土地是棕色的？因为我们耗去了土地的生命。”据介绍，目前中国每年消费世界54%的水泥和一半以上的钢材，这些钢材和水泥大都被城市建筑侵吞了，“它们成了巨无霸式的高楼，成了长江和黄河的水渠，也成了覆盖土地的裹脚布”。

在这场被俞孔坚教授称作裹脚般的“城市化妆运动”中，中国很多城市在设计上逐渐迷失了方向，讲究形式、讲究华丽，追求建筑物的标志性。所以导致城市的建筑整体张扬着畸形的美丽，很多城市建筑习惯扭曲肌体以换取高雅，建筑形状像莲花、树叶、剪子、锥子、皇冠等。巨大的城市化规模也带来了巨额的浪费，据有关专家透露：“鸟巢”每平方米的钢铁是500公斤，是一般体育场馆的17倍，央视新大楼每平方米用钢250公斤。它们同全国各地庞大的建筑糅合在一起，导致中国建筑的水泥、钢材耗量在世界总消耗量中占的比重越来越大。

城市建设同样需要生存艺术

CHENG SHI BEI JING XIAN

城市化带来的变化是巨大的，城市化带来的破坏也是巨大的，这就是中国环境与生态危机的现实。作为首都的北京市也意识到了这些，并正尝试着寻求解决之道。

在2010年之前，北京市国土局委托俞孔坚教授和他的团队给北京市做了一个北京生态基础设施规划。这份规划把城市的水文过程、生物保护、文化遗产保护和休闲游憩等所有的安全格局都考虑到其中。从水循环以及排水系统开始，到生物栖息地、文化遗产和自行车廊道，构筑了城市的绿色基础。

“我们想让落到地上的每一滴雨水都留在土地之上，渗入地下，去补充干渴的土地，而不是排到雨水管道，泻入大海。我们想砸掉那些约束、捆裹江河湖泊的水泥护岸，恢复它们的生态服务功能，这样才能真正解决危及国土安全的洪涝和干旱灾害。”俞孔坚教授说。

在以前的城市建设中，城市规划通常要计算人口和土地承载力，遇到山就开山，遇到河道就裁弯取直，遇到野草就全部铲除，而现在，北京土人景观与建筑规划设计研究院设计师们却在考虑建立一套生态基础设施，以此为城市提供生态服务，这被认为是一项帮助城市恢复真正的生产功能的创举。因为它能生产新鲜的空气，并且让城市具有调节能力和自我修复能力。遇到洪水，它可以消化，遇到干旱，它会释放。

而在北京的生态基础设施规划实施之前，中国其他地方的城市已经尝到了改变带来的甜头。在浙江台州，有一条叫做永宁江的城市河道，市长说在他小的时候，这条河道里还有水草，有鱼，有青蛙。后来河道被当做城市泄洪水道实施了部分改造，有些地方裁弯取直并包裹了水泥护岸。当地政府还计划投资2亿元，对这条河道进行彻底改造。但是俞孔坚教授认为这样一来就破坏了原有的生态系统，而且浪费了洪水资源，他说服了当地领导，把河道改造工程停了下来，并砸掉了水泥护岸，恢复了生物栖息地。对于城市防洪，他们则在计算了洪水规律的基础上，在河道两旁把50年一遇的洪水到达的地方预留了出来，种植稻谷、水草等。俞孔坚教授认为，这样遇到大水那些庄稼可以被淹，而且不会使积水灌入城区，带来更大的危害。如今，这个地方已经成为鱼翔浅底、芦苇摇曳、鸟虫齐鸣的城市景观。

把生态因素注入旧城的基础设施改造，它同样会给城市带来崭新的机遇。在以往的城市化中，一些城市只是习惯把所有旧的东西摈弃，改用新颖的建筑形式，其实只要稍微动一下心思，那么城市呈现出来的景象可能就会更完美。

中山市的岐江公园就是一个值得借鉴的案例。那里现在是著名的时尚婚纱基地，阶梯状的廊桥下面是水道，荷花在水中婀娜多姿，老铁轨旁生长着野草……而这个地方原本只是一个破旧的造船厂，里面保留着20世纪六七十年代建造的水塔和毛主席像，也有一些废弃的船坞、机器和铁轨。当时这个船厂已经被政府以100万元的价格卖掉了，当地政府还计划把流经船厂附近的河道拓宽到50米。刚好被市长请去做城市规划的俞孔坚教授获知道息后，赶过去一看，觉得那些原生态的东西都是宝贝，他说明了地方领导，把旧船厂改造成城市公园。后来当地政府又花150万元把卖出去的旧船厂重新买了回来，原有的机器、铁轨和七十年代、八十年代的船坞等都被保留，水塔变成了灯塔雕塑，机器贴上标签变成了历史展品。本来要砍掉很多榕树拓宽河道的做法也得到修正，他们要做的，只是又在榕树里侧重新开挖了一条河，既保证了泄洪流量，又保留了榕树，并且使之成为一个绝妙的休闲岛屿。

充分尊重原生态的结果是，这里又给城市奉献了一个自然生态的大美场所，而且维护成本极低。

大自然知道城市想要的是什么

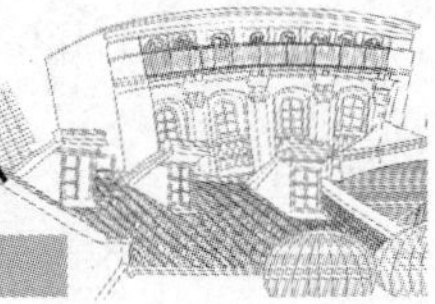

CHENG SHI BEI JING XIAN

城市建筑和设施如何才能保持一个真实的生态现状，景观设计师的建议是：最好的做法是减少干预，一切交给自然做功课。

之前，我在沈阳建筑工业大学采访的时候，发现这所校园里竟然还有一大块稻田。稻田里除了有引水渠道外，还设置了机耕小道，供行人游览。稻田边上有两排南北向的树林，林间设置木质靠椅。夕阳之下，道上落叶缤纷，营造出一派清新自然的意境。

据说这在全国校园里是唯一的一例。在这个既有现代城市建筑风貌，又保持着纯朴自然之风的校园，雨水不再顺着硬化的水泥路面四处横流，而是被汇集起来，注入稻田附近的中央水系用来浇地。在那块规划在校园里的城市稻田里，每年都要组织插秧比赛和收割比赛，而收割后，总有一块稻田被保留下来，喂养觅食的小鸟。沈阳建筑工业大学的校长曾经感慨地对俞孔坚教授说："在稻田建成之前，已经很久没看到鸟来这个校园了。"

这真的是最自然的生活。城市区域究竟是不是生态和宜居的，只需看看鸟儿是否在这里生活就知道了。而我们的许多城市，为什么非要破坏它们栖息的自然环境，换上自己喜欢的生硬的水泥建筑和豪华丛林？他们甚至忘记了生活所要遵循的自然法则，而作为"建筑自然法则"的践行者，北京土人景观与建筑规划设计研究院却一直沿袭这样的原则，并身体力行地创造着一个又一个可以给人借鉴的城市生态园区。我到秦皇岛的时候，曾听当地的摄影家协会主席狄巨宽谈到当地一个叫汤河公园的项目。很巧，也是俞孔坚教授和他的土人团队设计的，它现在成了摄影家必到的摄影点，当地的百姓也很买账。

这个项目其实很简单，简单到不需要任何建筑，它只是对位于城乡结合部的汤河进行了简单改造，那条河道两边原来到处是野草和大树，当然，也是附近居民的生活垃圾集散地。按照城市常规的做法，就是把河道全面硬化，除掉旁边的杂草灌木，铺上花岗岩行道，花费巨大的成本把它改造成"高雅的"城市公园。

但是土人团队没有这么做，他们只是在绿草和大树之间放置了一条长长的板凳，大约500米长，它像一条红飘带，飘逸蜿蜒，却勾起了城区居民游玩的欲望。"无论白天或者晚上去，那里都会有成群的人在休息、玩耍、遛弯、逗狗。"

这个用最少干预实现了土地现代化和城市化的做法，被设计界视为经典范例。它也被美国权威媒体评为"世界新七大建筑奇迹之一"。认同它的人说，在这个周遭都生长着野生芦苇和野草的地方，人是舒服的，也是放松的。

让我们再看看天津河东区的桥园公园。在天津生活的人都知道，那里原为打靶场，场地低洼，还有鱼塘，曾经垃圾遍地，臭水横流。当年朱镕基总理路过这里，闻到臭味，问当地官员，在城区怎么还会有这样一个地方？此后，天津方面才开始规划整治。天津方面还告诉规划设计者，不要怕花钱。但是后来，规划者只在那里挖了21个坑，就把问题解决了。这21个坑深浅不一，最深的只有2米，它们被用来汇集雨水。设计者的思路是，通过雨水把盐碱压下去，然后深浅不同的水泡里，就会繁衍出不同的植被，而且景观会随着季节千变万化。果然，大自然很快就恢复了原本的样子，治理区内到处都是芦苇和野草，非常美丽。而游人则可以沿着遍布其间的木质栈道，到达任何一个生机盎然的区域玩耍。在园区开放的前两个星期，它迎来的参观群众达到了20万。在2009年西班牙巴塞罗那举行的世界建筑节上，天津桥园项目成为荣获“全球最高景观奖”的唯一一个中国城市公园。由世界权威设计师组成的评委会认为，这个项目在高度密集的城市建筑群中，利用自然再生和演替原理，成功地改造和再生了城市废弃地，营造了一个生机勃勃、充满野趣的城市公园，同时它也把自然公园的维护成本降到了最低。作为让自然做功课的典范，它是当之无愧的。

作为中国设计师独立倡导和推行的项目，这种成就的确让人欣喜。更让人欣慰的是，这种设计模式，如今正在不少城市得到实践。高呼“城市让生活更美好”的上海，在此次上海世博会也尝试了“把土地归还自然”的新型设计法则，在一个原本污染严重的工业废地上建立了一个可以复制的水系统生态净化模式。这个项目就是位于世博园区的上海后滩公园，这是一块狭长的滨江地带，原来是浦东钢铁集团的钢铁厂和船舶修理厂所在地，工厂搬迁之后到2007年之前，这里只留下遍地油污，污染十分严重。但是在2010年之后，这里出现了江南湿地常见的景观：芦苇、茭白、菱角、杨柳，还有油菜花、向日葵和水稻……而流淌在公园里清澈的河水，是经过公园植物净化的。

改造施工的做法看起来很简单，却充满了智慧。北京林业大学园林学院的一位专家说：“这个城市公园具有综合生态系统服务功能，也就是说，它不用花费大量人力、物力去维护，自身可以实现水体净化、生物循环，能够利用再生场地内的工业建筑和材料，形成低碳和负碳的城市景观，为解决当下中国和世界的环境问题提供了一个可以借鉴的样板。”

据介绍，这个地方原来建有很高的防洪堤，后来被负责规划设计后滩公园项目的俞孔坚建议砸掉，江堤重新采用石笼和抛石构筑。

没有防洪堤的公园考虑了洪水袭击的后果，“公园完全可以被淹，但是洪水退后它依然会充满生机”。

后滩公园建成之后，从黄浦江引来的水，沿着园区内的滴水墙形成瀑布流淌下来，先接受氧化，然后呈阶梯状流入1.7千米长的内河湿地，这些阶梯中生长着不同的植物，如芦苇、稻田、油菜花、荞麦、向日葵等。其中水稻可以吸收氮肥，向日葵能够大量吸收磷物质，还有的植物可以吸收重金属。经过沉淀净化之后，这些水最终进入世博会主场馆。一天2700吨水，从取水口到主场馆要走一个星期，但是原本属于劣五类的江水通过植物的自然净化之后，被净化成优三类水，成为公园尽头清亮的浅滩溪流。这套绿地净化系统每天净化的水量，足以满足后滩公园的绿化灌溉和道路冲洗需求。

让自然湿地变成排水吸水系统，从而完善城市的自我调节功能，这应该是城市建设要遵循的生态平衡规律。可是，为什么有些城市规划者只知道用现代建筑对城市进行过度包装，而不是从最基础的生态角度着手考虑规划和建设呢？在1999年世界建筑师大会上，中国科学院院士、中国工程院院士吴良镛教授就曾经指出：“大地的自然系统是有生命的，但是中国的城市化过程没有用科学方法去梳理人与地的关系，导致自然生态系统遭到彻底或者不彻底的摧毁，大地上那些充满诗意的文化景观被损毁。”

然而这些破坏原本是可以避免的。城市和建筑要遵循人地和谐的设计理念，崇尚自然生态人居的互动。清华大学建筑设计研究院院长庄惟敏在接受采访时表示，关于人与自然的和谐，一直是建筑师考虑的问题。人工环境和自然环境其实并不冲突，之前人类有过人定胜天的想法，但事实证明，这是要付出很大代价的。现在大家慢慢清楚了，拥有一个环境友好的城市非常重要。当然，要做成生态城市有一定的难度，因为城市是一个复杂的系统。所以我们要从大的生态系统来考虑，不是光靠人工，要学会因地制宜。

针对国内城市存在的先制定城市规划、再预留绿地的做法，俞孔坚提出了“反规划”的设计理念。以往的城市发展会在城市周边建设环城绿化带，或者在城市组团之间镶砌隔离性的绿地，或者在高速路布置绿化隔离带，它们更多只起隔离作用，而缺乏对自然、生物、文化保护和游憩这些大地生命肌体的整体协调功能。但“反规划”这个理念不是简单的“绿地优先”，它强调生命土地的完整性和地域景观的真实性是城市发展的基础，强调优先进行对非建设区域的控制，然后再进行城市空间规划。

这样做的目的，就是让绿地和土地生态建立联系，而不是把绿地当做阻止城市扩张的工事。在景观安全格局的基础上发展城市，就能有效避免快速扩张带来的问题。这些景观安全格局构成区域和城市的生态基础设施或潜在的生态基础设施，有利于建立健康和谐的城市社会和城市形态。

第六部分

成长的中国：更美好的城市　更美好的生活

中国城市怀着暴发户一样的心理堆砌起体量巨大的建筑，给人的感觉就像是一个因饱餐而迅速发福的巨人，当它意识到自己忽视了成长中必需的修身课程时，突然发现需要动手术来修正跑偏的体型和肚腩。

2010年3月25日，联合国发布了一份名为《世界城市化展望2009年修正版》的报告，称中国是世界上城市化速度最快的国家，报告说，目前全球超过50万人口的城市中，有四分之一都在中国。中国的城市化水平在1980年的时候还不足20%，但是到2010年，却比30年前增长了两倍多，达到47%，预计至2025年将达到59%。

这份报告认为，中国正经历着城市化的重要转型。从1980年到2010年的30年间，共有185个中国城市跨过50万人口门槛。到2025年，中国或许又将有100多个城市加入这一行列。而拥有相当规模人口的城市数量的显著增加，则显示出中国城市化水平的快速上升。

与城市规模显著扩大相呼应的，是近三十年来中国城市建筑保有量的巨幅增加，来自国务院发展研究中心产业部的消息说，中国城市建筑保有量在2006年就已经达到390亿平方米左右，到2020年则有可能增加到690亿平方米。

抛开这些不说，中国的城市化在道路交通方面带来的改善也让人瞩目。统计显示，1998年，中国高速公路总里程不过6200多千米，而截至2010年上半年，中国高速公路总里程达到6.5万千米，居世界第二位，仅次于美国。短短12年间，高速公路通车里程实现了10多倍的跨越，中国公路总里程也已达370万千米。铁路方面，截至2010年，全国铁路运营里程9.1万千米，其中高铁8358千米。到2011年底，中国高铁运营里程将突破13073千米，占据世界高铁网的半壁江山。部分城市之间开行的城际高速铁路，运行时速超过了350千米，中国民众可以感受到的是，中国城市之间的交通从来没有像今天这么通达和快捷。它不仅让中国城市和偏远乡村的联系更加紧密，也让各个区域之间的经济互动变得更加频繁。尽管中国民众的出行，主要是铁路出行还没有实现真正的自由通达，但是交通出行环境大有改善已经是不争的事实。

从城市到城市

CHENG SHI BEI JING XIAN

道路是城市和人群之间最重要的交流通道。对一个城市是如此，对若干个城市群也是如此。

对一个城市来说，路把城乡差距缩短到了小时和分钟的距离，这在深圳的城市发展史上就有着鲜明的烙印。深圳最重要的城市交通干道是深南大道，作为特区成立之初唯一的一条公路，它一直是跟随深圳发展的脚步成长的。1979 年的时候，深圳还是一个小镇，有非农业户口的不到 3 万人，城镇基础设施几乎没有。倒是有两条水泥路，也就是镇的一头到另外一头的距离，全长不到 2 千米。其他地方一下雨，就泥水遍地。

特区成立后，数百名工人用了近一年的时间修通了深圳的第一条主干道，这就是今天的深南大道其中一段，这条路当时只有 2 千米多，宽度只比农村 5 米的机耕道多出一两米，不过当时也没有几辆汽车。在此后的两三年间，这条路经过修整拓建，铺上了沥青。随着道路两边高楼大厦的建造，路也随之不断拓宽，最后达到五六十米。到了今天，深南大道已经拓宽为 8 个车道，全长接近 30 千米。

深圳与其他城市之间的区域互动也明显加强。1984 年，原来的广九铁路广东段被改造为双线的广深电气化铁路，10 年后，广州到深圳的高速公路也已正式通车。铁路和公路赛跑，得到实惠的就是广州、东莞、深圳和香港的居民。尤其是全长 147 千米的广深铁路，更是实现了城际之间的公交化运营，客流高峰期间平均 5 分钟一趟车，实现了随到随走的目标。在铁路和公路串起的城市群中，上千万人的生活方式因此而改变。

另一个享受到快捷的区域交通带来的改变的，就是发展势头超越珠三角的长江三角洲。早在 2005 年之前，长三角就已经计划打造 15 个都市的 3 小时交通圈。当时，繁忙的公路运输已经让长三角面临着“肠梗阻”的问题。长三角的 15 个主要城市——上海、南京、杭州、宁波、苏州、无锡、常州、镇江、南通、扬州、泰州、湖州、嘉兴、绍兴、舟山的公路，承担了 8 成的客运量和 5 成的货运量。浙江、江苏的党政代表团频频访问上海，洽商交通问题。

2005 年，国务院审议通过了《长江三角洲地区城际轨道交通网规划》，规划线路有 5 条城际轨道，连接的是 15 个地级城市。长三角地区城市轨道交通的发展目标是：建设以上海为中心，沪宁、沪杭（甬）为两翼的城际轨道交通主构架，覆盖区内的主要城市。

2010 年，设计时速达 350 千米的沪宁城际铁路通车，京沪高铁、沪杭客专、宁杭铁路、杭甬客专等高速铁路都将在 2010 年内陆续建成，长三角主要城市将真正实现 1 小时交通圈。原有的沪宁、沪杭、杭甬线改为以货运为主，兼顾普通时速的中长途客车，基本实现客货分离。而此前，杭州湾跨海大桥已经于 2008 年上半年通车。这座大桥以 36 千米的长度，超过了美国切萨皮克海湾桥和巴林道堤桥等世界名桥，成为目前世界上已建成或在建中的最长的跨海大桥。最重要的是，它把宁波至上海间的陆路距离缩短了 120 余千米。

对于长三角地区而言，各个中心城市和居民点，已经借助快捷的交通干线连接了起来。在融城方面，长三角的上海、杭州、南京等城市之间也已经实现公共交通一卡通互用。当然，未来它们还面临着通信、能源和水源通道的连接问题。而这些，都是经济地理学家给中国城市和经济发展的未来描绘的前景，经济学界称其为“点轴理论”。“点轴理论”的提出人是中国科学院院士、著名经济地理学家陆大道，这个在20世纪80年代中期提出的理论认为，“在国家和区域的发展过程中，轴线也就是交通等通道对附近区域有很强的经济吸引力和凝聚力，同时这些通道上集中的社会经济设施通过产品、信息、技术、人员、金融等向附近区域扩散，并与附近区域的生产力要素相结合，形成新的生产力，从而推动社会经济的发展”。

而随着区域社会经济的进一步发展，“点—轴”最后必然发展到“点—轴—集聚区”，也就是在集聚区里形成多个现代化城市。陆大道说：“在一个国家里，高级的点就是一级城市。在中国来说是指上海、北京、香港等城市，这些一级城市中间由沿海运输通道、航空线、高速公路等交通线连接，它们的发展轴会经过济南、徐州、天津等二级城市，于是二级的点也形成了二级的发展轴线，然后二级发展轴又带动轴线上的一些三级点，就是广大的农村和小城镇。就像轴带动整个扇面一样，中国的城市化就会实现崭新的跨越。”

只有空间没有距离

CHENG SHI BEI JING XIAN

但是对于内陆城市而言，变化并不是一蹴而就的。同样是区域交通问题，当沿海城市完成布局，内陆城市才刚刚迎来机遇。

以河南为例，刚刚完成高速公路覆盖率全国第一这个创举，但在此之前，交通不仅限制着城市区间的联络，也限制着城乡之间的联系。在1993年之前，如果坐长途公共汽车，沿107国道从周口到200千米外的郑州，需要走七八个小时，从郑州到西边最远的地级市三门峡，时间也超过五六个小时。而现在，从郑州到任何一个地市，都不会超过3个小时。郑州和开封、郑州与许昌之间甚至开通了城际公交。道路让城际间的距离缩短，让郊区成为城市的后花园。但是要想像珠三角和长三角那样形成快捷的城际铁路交通圈，还需要一个过程。

如今，一些城市经济圈已经在着手组建，比如环渤海经济圈；一些城市经济圈却面临现实的困境。在中国区域经济圈中，只有省会城市武汉在2006年就着手规划和建造以武汉为中心的开放式城际快速铁路通勤圈，按城市圈规划，以50千米、100千米、200千米限为三个圈层，使武汉市圈内所有的县级城市能够在一两小时内到达武汉市区。

建设中原城市群，河南官方刚刚披露这方面的设想，而民间在很多年前就有人提出这种构想了。2007年1月，河南焦作等地的人大代表，以及在香港读博士的河南人李春涛都建议：在河南城市群之间开通快速列车。他们认为，河南的铁路已经形成网状结构，京广线、京九线、焦柳线三条线贯穿南北，陇海铁路贯穿东西，境内又有漯保铁路、漯阜铁路，这样的城市布局结合稠密，路网分布，即便是长三角和珠三角地区都望尘莫及。在高速公路迅速崛起、国内长三角等经济区域竞相规划高铁远景的时候，铁路网络发达的郑州也需要突破目前的困境，在中原城市群之间开行快速城际通勤列车，实现中原九市城际铁路相连的目标。

河南省社会科学院参与中原城市群规划的研究员王建国说，区域经济的融合，将改变传统的行政区域划分，快速便利的城际交通会成为主导因素。但是目前，中原城市群开通城际铁路面临现实的难题。来自铁路部门的消息说，快速列车，除了前期论证、跨局协调等问题外，还要考虑到检修、上水、机组等问题，技术障碍不易跨越。

当然，开通快速城际列车，更重要的是要考量城市的经济发展水平。

河南省社会科学院副院长刘道兴说：建设快速城际列车的设想，估计很多人都乐意看到。但是作为城市群，重点应该发展经济和产业融合，形成实质上以经济密集、产业融合来支撑的区域城市。如果没有大量的产业背景，修路只是一种超前的资源过度使用。发展快速城际铁路，与实际经济发展水平不相适应。

交通部体制法规司司长朱永光在接受记者采访时认为，“随着中原城市群发展战略的实施，交通规划在中原城市群应该已有布局”。根据铁道部《中长期铁路网规划》，将在2020年建成三个城际客运系统：环渤海地区、长江三角洲地区、珠江三角洲地区城际客运系统，覆盖区域内主要城镇。另外，2007年的铁道部工作会议传出消息，未来会在中原、西北、西南、东北地区重点城市间，大量开行城际快速客车，实现公交化运输。对此，中国城市规划设计研究院总规划师杨保军说：“从城市竞争走向区域协作，最突出的特征应该是空间距离的拉近。”专家认为，中原城市群完全可以借助这个契机，发展城际快速铁路。

“运行在城市群之间的城际列车，把城市串起来，同城概念更加紧密。城市你中有我，我中有你，会成为高速城际列车开通后美好生活的设想。”原河南省交通厅副厅长、交通学会理事长张圣城认为，对于中原城市群来说，带来的不仅是经济上的发展，郑州与各个城市间的行政格局会弱化。城市互相分工合作，在人流、物流、信息流几方面加强合作，使中原城市群的区域经济格局有所改观，其发展速度会超出中部任何城市的料想。

但是一定要考虑生态，规避目前城际交通和区域经济发展存在的问题。中国城市化发展到今天，一些瓶颈问题亟待解决。比如城市建筑规模扩大，导致市区道路不能跟高速公路有效衔接，城市进出市区的道路通行能力降低，也影响城际间的快速通行。

在城市内部，越来越多的立体交通也对城市生态和环境造成严重影响。很多城市都习惯用高架桥解决城市交通的拥堵问题，但是私家车的暴增，让这种通行方式大打折扣。尽管每个城市管理者都有各自的办法，突破发展中的困局，比如上海采取拍卖汽车牌照、限制外地车辆在高峰期进入城市高架桥等做法，但这不是长久之计。另外，高架公路所经之处产生的噪声，也是严重的环境问题。噪声高达六七十分贝，这是令沿途的居民无法忍受的。有限的声屏障更多只是心理安慰作用，那些像大盖子一样扣在下层路面上的高架桥，声音总会向两边发散，在城市里形成难以消除的噪声和汽车尾气等污染。

城市是到了该考虑适宜人居和改善生态环境的时候了。一些从纽约回来的人说，北京和上海都有一些世界上最好的建筑，但它们不是以最好的方式展现出来的，所以同整体的城市环境并不协调。眼下城市化热还在继续，有关专家提醒，热衷于重大基础项目建设和热衷于批租土地的城市建设，不仅会造成资源浪费，也会进一步造成生态环境的恶化。未来几年，城市化更是面临着“现实挑战”，从居高不下的房价、城市行政管理、社保支出等方面来看，中国的城市化是高成本的，这会损害城市的产业竞争力，从而导致城市化本身的停顿和经济增长的不可持续。

前文提到的便捷的交通和完善的道路设施，只能缩短城市之间的空间距离，让出行变得通畅，拉近大城市和小城镇的生活水平，但是对于在城市里生活的、年复一年追逐着假期迁徙的人而言，油价、拥堵、昂贵的停车费和高速公路通行费等问题，还会隐藏更多亟待解决的矛盾和争端。

在高楼云集、高速纵横的中国大地上，我们姑且相信城市的骨架已经搭建，但是，它们真的应该只算作中国这个庞大的组织在向城市化迈进过程中最基础的服务设施，因为它们只是从外观上让外界看到了中国经济腾飞的事实和沧桑巨变，还有很多细节，是我们意识不到和暂时改变不了的。

不过我们很愿意看到在这样的框架之下，城际之间正在实现高效融合。四通八达的道路把一个个现代都市连接了起来，构成了便捷的都市圈。这个圈里，工作机会成倍地放大，居住空间也可以无限延伸，人们生活和工作的载体变得越来越多元化，这应该是中国城市的范本吧。它的提供便捷出行和居住生活的机能是在逐渐健全的，它的服务和保障也是在逐渐完善的。

当然，我们更希望在这些城市之间，仍然可以保留部分没有被污染的河道和土地，它们未来不会被消除，不会被不断兴建的工厂和车间代替，它们应该是“塑造城市和乡村新景观、并在自然环境之间保留一份健康和谐关系的载体”。居住在其间的人们，能够享受着便捷的交通，还有不断增强的城市服务意识对他们的影响，人们可以自信、自由自在地生活，兢兢业业地奉献着激情和活力，那样，才是人们觉得真正自由和幸福的时刻。

后记

幸福不止是梦想

CHENG SHI BEI JING XIAN

稿子的终审意见反馈回来之后，我重新做了认真的梳理，删除了其中涉及食品安全、房价等诸多敏感问题的评论。但是给这些有如长篇深度报道的文字续上一个什么样的结尾，我却迟迟找不到头绪。所以我把稿子放了下来，频繁地外出，一方面借助游走和体察进行一些思考，一方面总结我对社会生活的新认知。

我已经脱离新闻媒体好几个年头了，现在的我从事的是传播大众科学的媒体工作，从一个愤世嫉俗的新闻人，变成一个从山岳冰川之间追逐精神本质的传媒人，心态上不知不觉改变了许多。但是从事新闻报道时积聚的忧虑情结，始终潜伏在心底深处，鼓励着我找到一个合适的机会，发出坦诚、认真，而又直言现状的声音。

我能完全做到这些吗？当然不能。我热爱我的祖国，所以站在年轻知识分子的层面，我为它存在的问题而忧虑，为部分领域难以消除的腐败而痛心。但是我不能指责和谩骂，我只是期望通过客观冷静的陈述，给那些长久以来被舆论环境左右的人们，提供一些清晰的判断，间或给施政者提供一些策略性的、建设性的批评和建议。

通读自己的文字，觉得我所描述的每个时间节点、历史阶段以及社会现状，都是我从幼年到青年时代实实在在的体验和经历，有些地方充满了让我欣慰的激情，但是有些地方又让我心意难平。

中国在城市化进程中的种种弊端和问题，的确不容回避。但是作为一个不断发展的历史进程，中国的城市化和它所存在的问题，还是应当以发展的目光来看。所以，我可以表达我的忧心，但是我没有放弃希望。

时至今日，我照例对一些糊弄民众的人表示不屑，也对那些真正改善民生的人表示尊敬。在这样爱憎分明的观察里，我当然也看到了各级政府所做的种种尝试和努力。我相信主政者是能够感知百姓期待的。

因为他们也知道，对于民众而言，拥有一些东西，就等于拥有了简单的幸福，但那些东西必须是跟食品、住房、医疗、安全和社会公平相关的。所以在“十二五”规划里，在2011年的政府工作报告里，经济富裕、社会公平等关乎百姓生活的细节，纷纷得以展示和规划。

我们关注到，政府在建设保障住房，调控房价、物价等方面所做的努力；我们留意到，政府在化解城市化矛盾时所做的尝试。它们统统凝聚成改善民生的行为指数，但是它的最终指向，无一例外的是要提升民众的幸福感。

对于个人而言，能够让自己的生活一天一天的变好，能够从事自己感兴趣的工作并不断地给家人创造快乐，这就是真实的幸福。而对于国家而言，能够不断发展经济，民生改善，并提供公平正义的社会环境，也是民众幸福的基石。生活在这样日新月异的社会里，有谁不期望在洁净的空气里自由呼吸，在悠闲的午后翻阅报纸或者骑行，而不必担心住不起房、看不起病、上不起学，或者老时没人养？因为这些是民众应该拥有的最基本的幸福。